¿Con quién me casaré?

NUEVA EDICION

Luis Palau

EDITORIAL
UNILIT

Publicado por
Editorial **UNILIT**
Miami, Florida
Derechos reservados
Producto No. 498017
ISBN 8423-6451-X

Primera Nueva Edición 1986
corregida y aumentada.
Segunda Edición 1987
Editora: Leticia Calçada

Ediciones anteriores publicadas por
Editorial Caribe

Tipografía: HECSI International, Corp.
          Miami, Florida

Producto No. 498017
ISBN 8423-6451-X   7a. Impresión 1990

Printed in Colombia.
Impreso en Colombia.

DEDICATORIA

Dedico este libro juvenil a mi querida esposa Patricia. Juntos estamos gozando de la vida, sirviendo al Señor Jesús. Todo lo que somos y todo lo que tenemos se lo debemos al Señor Jesucristo.

CONTENIDO

CONTENIDO

INTRODUCCION

La gran pregunta

Durante nuestras cruzadas evangelísticas siempre nos causa sorpresa el hecho de descubrir tantos jóvenes confundidos en cuanto al matrimonio. Muchos han destruido sus vidas de tal manera que ya queda poca esperanza de recuperar toda la felicidad que soñaron cuando adolescentes.

Es tristísimo ver cientos de hombres y mujeres jóvenes que nos escriben cartas y nos vienen a pedir consejo. Un gran número son cristianos, y sin embargo su vida familiar es un desastre. Son muchos los adolescentes que vienen agobiados porque se han casado y a los pocos años ya se han divorciado y arruinado sus vidas.

Recuerdo que durante una de nuestras cruzadas en Centroamérica hablé con una chica de 19 años y le pregunté:

—¿Eres casada?

—Vivo con un hombre —respondió—, pero no es mi marido.

Y he hablado con cientos de jóvenes en las mismas circunstancias. Evidentemente en muchas de las iglesias cristianas de nuestro mundo occidental no se está impartiendo enseñanza sobre el matrimonio como la Biblia lo enseña.

Y tú, lector, si eres casado, un día tendrás que aconsejar a otros; si eres soltero, debes asegurarte de tomar la decisión correcta. En ambos casos, necesitas saber lo que la Palabra de Dios dice al respecto.

* * *

LAS DOS GRANDES DECISIONES

Lo primero que quiero enfatizar es que hay dos decisiones trascendentales en la vida: recibir a Jesucristo como Salvador, y decidir con quién vamos a casarnos.

Recibir a Cristo es el paso más importante de la vida. Si una persona no tiene a Cristo en el corazón, no está reconciliada con Dios. Si no está reconciliada con Dios, vive en un vacío espiritual, vive en pecado. Viviendo en pecado, vive perdida, lejos de Dios. Para tal persona, entonces, los consejos que le puedo dar en cuanto al matrimonio sólo serán de valor relativo.

Pero cuando uno recibe a Cristo en el corazón, ¡qué privilegio tan tremendo! Con Cristo en nosotros no tenemos por qué cometer errores irreparables con respecto al casamiento. Yo doy gracias a Dios que acepté a Cristo en mi vida con tiempo suficiente para escoger a mi esposa. Novia primero, esposa después, siempre dentro del plan de Dios. Le alabo porque cuando llegó el momento de preguntar **"¿Con quién me casaré?"**, Dios me ayudó a elegir a la mujer que ahora es mi esposa y la madre de mis cuatro hijos.

Mi esposa Patricia había recibido a Cristo cuando era niña. Así las cosas, Dios hizo que nuestros caminos se cruzaran y nos diéramos cuenta de que ella era la mujer que Dios había preparado para mí, y yo el hombre para ella.

Sin embargo no recibí mucha orientación siendo adolescente. Es por eso que ahora en nuestras cruzadas, cuando celebramos la "Noche de la juventud", hablamos sobre el noviazgo, el casamiento, el sexo y el plan de Dios para la vida matrimonial. Lo hacemos porque no deseamos que ningún joven que confiesa a Cristo como Salvador, vaya a equivocarse, o que con el tiempo tenga que lamentar errores —algunos de ellos irreparables.

Todos cometemos equivocaciones. Lo triste es cuando un joven comete un pecado que lo hunde para siempre. Aunque no caiga en inmoralidad, supongamos que escoge un compañero que no estaba en el plan ni en la voluntad de Dios. En ese caso tendrá que sufrir las consecuencias hasta que la muerte los separe. ¡Qué tragedia para una vida joven!

Se dice que algunos matrimonios parecen haber sido hechos en el cielo. Sin embargo, los detalles prácticos han tenido lugar en la tierra, sin ninguna duda. Por eso es vital que todo muchacho y toda joven pueda tener tranquilidad al responder la gran pregunta: **"¿Con quién me casaré?"**

EL PLAN DIVINO

El ser humano por lo general busca un compañero con quien casarse y compartir su vida. Es natural y hermoso que así suceda. La Biblia afirma que Dios creó al hombre, y luego de haber creado a Adán

Jehová Dios dijo: "No es bueno que el hombre esté solo. Le voy a hacer una compañera que sea de ayuda para él en todas sus necesidades." Dios, pues, formó de la tierra todo tipo de animales y de aves. Entonces se los presentó al hombre para que les pusiera nombre. El nombre que les puso es el que tienen ahora. Pero entre ellos no había aún compañía adecuada para el hombre . . . (Dios) hizo a la mujer y se la llevó al hombre.
—¡Ahora sí!—exclamó Adan—. Ella es hueso de mis huesos y carne de mi carne. (Génesis 2:18-20, 22-23)

Es muy cierto que la atracción que un muchacho siente por una chica, o una chica por un muchacho, es el ideal planeado por Dios mismo. El deseo de casarse, de compartir la vida con una persona del otro sexo, es el plan de Dios para la juventud. El designio de Dios es que la mayoría de la gente se case. Por esa razón decimos que la Biblia no es sino un libro práctico, un manual para la vida diaria, una guía para la vida aquí en la tierra, y está inspirada por Dios.

La Biblia entera nos fue dada por inspiración de Dios y es útil para enseñarnos la verdad, hacernos comprender las faltas cometidas en la vida y ayudarnos a llevar una vida recta. (2a. Timoteo 3:16-17)

Ya mencionamos que Dios había declarado: *"No es bueno que el hombre esté solo. Le voy a hacer una compañera que sea de ayuda para él en todas sus necesidades."* Sí; el hombre debe casarse. Tiene el deber, el privilegio y el derecho de casarse. Este es el plan y el deseo de Dios para la humanidad.

Quiero finalizar esta introducción invitándote a leer los primeros tres capítulos del Génesis, el primer libro de la Biblia. Este pasaje te irá preparando para el tema del matrimonio. Pero aun antes de leer estos capítulos, antes de pensar **"¿Con quién me casaré?"**, pregúntate: "¿He recibido a Cristo en mi corazón? ¿Tengo a Cristo como mi Salvador? ¿Es el Señor Jesús el Señor de mi vida?"

Si la respuesta es **SI,** entonces para ti hay un maravilloso futuro tanto en la tierra como en el cielo. La Biblia afirma:

(Dios) nos ha dado vida eterna, y esta vida está en su Hijo (Jesucristo). Así que el que tiene al Hijo de Dios tiene la vida; el que no tiene al Hijo, no tiene la vida. (1a. Juan 5:11-12)

Si tienes a Cristo en tu corazón, sigue adelante en la búsqueda de tu compañero, pero sigue adelante con Cristo. Sólo con El habrá un futuro lleno de bendición, y podrás formar un precioso hogar donde vivir con alegría celestial.

"No es bueno que el hombre esté solo"

1

"¿Con quién me casaré?" Esta es una de las preguntas cruciales que confronta la juventud. La gran mayoría de los jóvenes quiere casarse y ser feliz. Dios así lo quiere. Pero la decisión de elegir al compañero no siempre resulta sencilla.

Viene a mi mente un caso que puede parecer pueril pero que quizás, con algunas variantes, podría ser la experiencia de muchos jóvenes. Federico tenía unos 30 años y su esposa había muerto de una enfermedad repentina. El había quedado con dos hijos y deseaba casarse de nuevo, lo cual es correcto. La Biblia enseña que los viudos tienen derecho a casarse, aunque con una condición, *"con tal que sea en el Señor"* (1a. Corintios 7:39 —RV 1977).

Federico me contó que solía viajar en autobús, y allí varias veces había visto a una joven que le había llamado la atención. Comenzó a fantasear y me preguntó:

—Luis, ¿no será ésa la joven que Dios ha preparado para que yo me case? Es bella, parece inteligente y está llena de vida.

—¡Federico! —le respondí—, ¿cómo puedes ser tan simplista y pensar que esa joven está en el plan de Dios para tu vida? Sólo la has visto en el autobús y te sentiste atraído por su figura y su mirada.

Por cierto ésa no es la forma de elegir un compañero para la vida. Atracción hacia una persona no es sinónimo de amor por esa persona. Lo asombroso del matrimonio es que dos personas se comprometen a vivir juntas, en compañerismo y amor, en las buenas y en las malas.

Nadie se casa para ser infeliz. Todos soñamos con tener un matrimonio feliz hasta que la muerte nos separe o Jesucristo regrese y nos lleve al cielo (1a. Tesalonicenses 4:13-17). Nadie va a buscar a una chica para casarse con ella, pensando:

—Voy a casarme con la joven que me haga el hombre más miserable del mundo.

Por supuesto que no. Uno busca a la muchacha que lo haga el ser más feliz de la tierra. Lo triste es que haya tantos sueños frustrados. Sin embargo, ¡qué privilegio es ser de Cristo en la juventud y comenzar bien!

* * *

EL SECRETO

Dios dice: *"No es bueno que el hombre esté solo. Le haré ayuda idónea para él."* O sea que el cristiano y la cristiana, cuando están pensando en formar una pareja, **están buscando a aquella persona que Dios ya ha elegido.** Una ayuda idónea, una persona acorde a mis necesidades y, al mismo tiempo una persona que necesita lo que yo tengo para darle.

El cristiano no busca a su pareja por motivos puramente egoístas (al menos no debiera ser así). Es verdad que el joven necesita una esposa; pero a su vez, cuando está pensando en la compañera, debe preguntarse: "¿A quién podré bendecir? ¿Quién necesita lo que yo tengo para ofrecer? ¿A quién puedo ayudar? ¿A quién puedo amar con todo mi corazón y para quién puedo ser una bendición?"

* * *

PARA SIEMPRE

Hay otro punto importante que mencionar. El cristiano está unido para siempre. No es como una mariposa ni como una abeja que va de flor en flor para ver cuál es la más dulce. Cuando un cristiano se casa no piensa:

—Bueno, me caso con María, y si me canso de ella porque no me agrada, me divorcio y me caso con Cristina. Y si no me llevo bien con Cristina, entonces después de separarme me caso con Alicia.

De ninguna manera. La Biblia dice:

Ningún hombre debe separar lo que Dios juntó. (Mateo 19:6)

En la Biblia y en el verdadero cristianismo no se contempla la separación ni el divorcio. Existe sí un pequeño paréntesis, una cláusula infinitesimal que indica que en casos extremadamente graves Dios permitiría el divorcio. Me refiero al adulterio cometido por alguna de las partes. Pero el joven cristiano no debe ser tan necio ni tan ciego como para argumentar dentro de sí:

—Bueno, si mi esposa no resulta ser lo que espero, buscaré otra esposa y listo.

Tal actitud es el fin de la paz interior y la alegría de la vida. Tal actitud es un mal comienzo para cualquier matrimonio. Es una locura irreparable. Por supuesto que Dios perdona. Leemos en la Biblia:

La sangre de Jesucristo el Hijo de Dios nos limpiará de todo pecado. (1a. Juan 1:7) *La sangre de Cristo transformará nuestras vidas y corazones. Su sacrificio . . . nos impulsa a desear servir al Dios vivo.* (Hebreos 9:14)

Sí. Dios perdonará, pero el joven cristiano debe tener en cuenta que se casa para siempre, hasta que solamente la muerte los separa. No hay juez ni hombre ni padre ni nadie con derecho a separarlos.

Conocí a una pareja que se casó relativamente joven. Tuvieron luego una niña. Un día tuvieron una discusión un poco violenta y se enojaron mucho, aunque no llegaron a los golpes. Varios días después en una decisión apresurada, la señora hizo abandono del hogar y se fue a casa de sus padres. Al llegar allí pidió el divorcio a su padre, que era juez. Este se lo concedió inmediatamente, mientras el marido quedaba sumido en la tristeza, el dolor y la terrible frustración de no poder ver más a su hijita porque la esposa se lo había prohibido.

Amable lector, el cristiano verdadero piensa en casarse y vivir unido al cónyuge en amor, paciencia, ternura y perdón constantes, hasta que la muerte los separe. Esta mujer había abandonado a su marido no por cuestión de inmoralidad sexual sino porque no quiso vivir más con él, simplemente porque habían tenido una pelea. Ella pecó contra Dios, contra su marido, contra su hijita, y pecó también el padre de la joven al permitir que ella regresara a la casa paterna y al conceder el divorcio.

Es verdad que *"no es bueno que el hombre esté solo."* Es lo que declaró Dios. Pero también es cierto que Dios concibió el matrimonio como una unión permanente, de por vida.

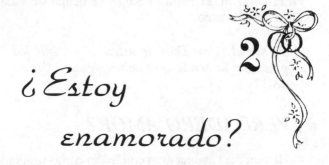

¿Estoy enamorado?

Una gran cantidad de adolescentes y jóvenes me preguntan:

—Señor Palau, ¿cómo puedo saber si estoy enamorado? ¿Cómo puedo determinar si en verdad es amor o es sólo atracción pasajera y superficial?

No existen fórmulas fáciles. La persona cristiana sincera, sin embargo, tiene ciertas pruebas que le ayudarán a clarificar sentimientos. Si tú quieres conocer la voluntad de Dios, puedes conocerla. El Señor Jesús dijo:

> *Si alguno de ustedes se decidiera realmente a hacer la voluntad de Dios, se daría cuenta si mis enseñanzas son de Dios.* (Juan 7:17)

En una palabra, cuando existe la voluntad sincera

en el corazón, el Espíritu Santo se ocupa de guiar al joven cristiano.

> *Yo soy el Señor Dios de ustedes . . . que los guía por la senda que deben seguir.* (Isaías 48:17)

* * *

¿*VERDADERO AMOR*?

Hoy en día hay una gran confusión como resultado de novelas baratas, películas pornográficas y también como resultado de ciertas pautas culturales erradas. Yo diría que la palabra **amor** es una de las más distorsionadas de nuestro léxico. El término **amor** se ha prostituido. La gente cree que amor es sinónimo de sexo. Pero en realidad amor y sexo **no** son sinónimos. Amar no implica, necesariamente, tener relaciones sexuales. Así como tampoco el tener relaciones sexuales implica que haya amor. El sexo es para expresar amor, pero no siempre el amor se manifiesta a través del sexo. La Biblia dice que debemos amar a todos porque *"Dios es amor"* (1a. Juan 4:8). ¿Cuál es la esencia del amor? Según la Epístola a los Gálatas, el amor es servicio. La señal de que amamos a alguien es que servimos a esa persona. *"Ustedes fueron llamados a libertad; pero no a la libertad de hacer lo malo sino a la libertad de amar y servir a los demás"* (Gálatas 5:13).

El amor se revela en el servicio. Amor es aquello que hace buscar el bien de la otra persona, es el fundamento de la vida en relación. En la Biblia hay un cántico al amor, y quisiera compartirlo contigo. Es un cántico inspirado por el Espíritu Santo de Dios y puesto en boca del gran apóstol Pablo.

Si yo tuviera el don de hablar en lenguas extrañas, si pudiera hablar en cualquier idioma celestial o terrenal, y no sintiera amor hacia los demás, lo único que haría es ruido.

Si tuviera el don de profecía y supiera lo que va a suceder en el futuro, si supiera absolutamente de todo, y no sintiera amor hacia los demás, ¿de qué me serviría? Y si tuviera una fe tan grande que al pronunciar una palabra los montes cambiaran de lugar, de nada serviría sin amor.

Si entregara a los pobres hasta el último bien terrenal que poseyera, si me quemaran vivo por predicar el evangelio, y no tuviera amor, de nada me serviría.

El amor es paciente, es benigno; el amor no es celoso ni envidioso; el amor no es presumido ni orgulloso; no es arrogante ni egoísta ni grosero; no trata de salirse siempre con la suya; no es irritable ni quisquilloso; no guarda rencor; no le gustan las injusticias y se regocija cuando triunfa la verdad.

El que ama es fiel a ese amor, cuéstele lo que le cueste; siempre confía en la persona amada, espera de ella lo mejor, y la defiende con firmeza.

Un día se dejará de profetizar, de hablar en lenguas, y el saber ya no será necesario.

Pero siempre existirá el amor.
Tres cosas permanecerán: la fe, la esperanza
y el amor. Pero la más importante de estas tres
cosas es el amor. (1a. Corintios 13:1-8, 13)

* * *

ENAMORAMIENTO Y AMOR

Hablando de la palabra "amor", quiero insistir en lo que he dicho muchas veces a la juventud en nuestras cruzadas y programas de radio y televisión. Hay que distinguir el amor de lo que yo llamo mero "enamoramiento". Llamo enamoramiento a aquello que es sexual, pasajero y superficial. Es una atracción por una persona del sexo opuesto en un momento dado de la vida de los jóvenes, sean solteros o casados. Esa atracción pasajera no tiene nada de malo en sí misma, pero no la llamemos amor porque no lo es.

Algunos apenas conocen a una persona hacia quienes se sienten atraídos, y dicen: "Esto tiene que ser amor". ¡No! El amor nunca deja de ser. El amor es profundo. El amor es multifacético. El amor es permanente y se sacrifica por la persona amada. El amor busca el bien del otro y piensa más en el otro que en sí mismo.

Sí. El amor es la clave de un noviazgo y un matrimonio feliz. Examina tu corazón. Si crees amar a un joven o a una chica, pregúntate: "¿Siento la clase de amor que se describe en el pasaje de 1a. Corintios 13?" Yo no puedo contestar a tu pregunta, al menos no en este momento. Debemos ir por partes.

¿Estás en verdad enamorado? El primer paso es ir a la Biblia y descubrir qué es el verdadero amor. Luego de que lo hayas descubierto, entonces sí puedes hacerte la pregunta: "¿Estoy enamorado yo?"

Dijimos que no existen fórmulas mágicas para determinar si una persona está enamorada. Yo por mi parte quiero dejarte doce preguntas que te ayudarán a saber en lo íntimo de tu corazón si es o no amor real lo que sientes, si es o no la voluntad de Dios. Si puedes responder cada pregunta con un sincero **SI** o **NO**, según corresponda, podrás estar seguro de que ésa es la voluntad de Dios para tu vida.

Mi oración es que tú, muchacho o chica cristiana, que aún tienes por delante la delicia del matrimonio, la posibilidad de un hogar feliz, te hagas estas preguntas y las contestes sinceramente ante tu Dios. El Señor Jesús afirmó: *"El que quiera hacer la voluntad de Dios, conocerá . . . "* (Juan 7:17, RV 1977).

¿Quieres honestamente hacer la voluntad de Dios? Entonces tienes su promesa: conocerás.

3

Primero y Principal

Para el cristiano verdadero, para el joven que es hijo de Dios porque tiene a Cristo en el corazón, esta es la pregunta inicial para poder luego contestar la siguiente, o sea "¿**Con quién me casaré?**"

Primera pregunta: La persona con que quiero casarme, ¿ES O NO ES VERDADERO CREYENTE EN CRISTO?

La Biblia es terminante con respecto a que el cristiano no debe casarse con un incrédulo. Hay un gran énfasis en las palabras de San Pablo:

No se unan en matrimonio con los que no aman al Señor, porque ¿qué puede un cristiano tener en común con los que viven entregados al pecado? ¿Cómo puede la luz llevarse bien con la oscuridad? Y ¿qué armonía puede haber entre Cristo y el diablo? ¿Cómo puede un cris-

*tiano estar de acuerdo con un incrédulo? Y ¿qué
unión puede existir entre el Templo de Dios y
los ídolos? Ustedes son el templo del Dios vi-
viente, y el Señor dijo de ustedes: "Viviré en
ellos y caminaré entre ellos, y seré su Dios,
y ellos serán mi pueblo." Por eso el Señor dice:
"Salgan de en medio de ellos, apártense; no
toquen sus inmundicias, y yo los recibiré con
los brazos abiertos."* (1a. Corintios 6:14-17)

Subraya este pasaje en tu Biblia. Apréndelo de
memoria hasta que se grabe con letras de fuego en
tu corazón.

* * *

UN CRISTIANO VERDADERO

Si quieres un matrimonio feliz, si honestamente
estás decidido a casarte dentro de la voluntad de Dios,
asegúrate de tener la certeza de que él o ella sea una
persona cristiana renacida.

Hay hombres y mujeres que se enamoran de un
cristiano y empiezan a asistir a una iglesia cristiana.
Al cabo de un tiempo creen haber aceptado a Cristo
en el corazón, y los demás también lo creen. Con
una sinceridad equivocada algunos incluso levantan
la mano cuando se piden decisiones de fe en una reunión de evangelización; hasta son capaces de pasar
adelante en una campaña de predicación porque en
su corazón ansían casarse con tal o cual cristiano.
Tanto lo desean que hacen cualquier cosa para
obtener su favor.

No es que todos sean hipócritas, pero están convencidos de que el hecho de pasar adelante, levantar la mano o incluso bautizarse, es suficiente y con eso ya son "cristianos" y pueden casarse con el que sí es cristiano verdadero. O se es creyente o no se es creyente en Cristo. No hay territorio neutral.

* * *

¿DESOBEDIENCIA?

"No se unan en matrimonio con los que no aman al Señor", dice Dios, y es terminante. También lo dice el sentido común; seamos, pues, inteligentes. La experiencia también lo dice, así que no la rechacemos. Hay que considerarlo muy seriamente.

Yo recuerdo mis años adolescentes en la Argentina. Teníamos un grupo de amigos cristianos. Los que se casaron en desobediencia a la voluntad de Dios, hoy día sufren las consecuencias. No son lo que pudieron haber llegado a ser. Uno de mis mejores amigos, que francamente fue quien me enseñó a predicar en parques y plazas en la Argentina, hoy sirve muy poco a Dios. De vez en cuando va a la iglesia, pero ha perdido el gozo de la salvación y su alma se ha enfriado. Sucede que desobedeció a Dios en este paso tan vital. Se casó con una chica inconversa, fuera de la voluntad divina.

Y tú, amable lector, que anhelas hacer la voluntad del Señor, que deseas casarte y ser feliz, vivir y gozar de la vida, no debes siquiera considerar la

posibilidad de casarte con quien no comparte tu fe
en Cristo. Si desobedeces a Dios en esta cuestión,
desperdiciarás tu vida. No habrá felicidad. Tu hogar
nunca llegará a ser un hogar feliz, maravilloso, lleno
del Espíritu Santo y de la gloria de Dios. Ten por
seguro que de esa manera no encontrarás la plena
felicidad que Dios te tiene reservada.

Casarse con un inconverso es un pecado contra
Dios, un pecado contra ti mismo y contra los hijos
que vendrán. Casarse con un no-cristiano puede
llegar a ser el fracaso más grande de tu vida. Aunque seamos cristianos, casarse fuera del plan divino
es un asunto sumamente grave.

* * *

UNA SENCILLA PRUEBA

Quizás te preguntes cómo puedes estar seguro de
que alguien es por cierto hijo de Dios. ¿Cómo hacer
para saber si Cristo vive en ese corazón? Hijos de
Dios somos todos aquellos que hemos invitado a
Cristo a nuestro ser por la fe. No porque vayamos
a la iglesia, porque leamos la Biblia, porque oremos
al Señor, porque hagamos obras de caridad, porque
nos hayamos bautizado ni porque seamos buenas personas. Es cristiano quien tiene a Jesucristo en la vida,
quien le ha pedido perdón por el pecado y ha aceptado su sacrificio en la cruz.

He aquí seis evidencias de un cristiano, según las
encontramos en la primera carta del apóstol Juan:

1) *Con humildad confiesa su pecado diariamente (1:9).*
2) *Obedece la Palabra de Dios (2:3-6, en especial v.4)*
3) *Ama a su hermano (2:10).*
4) *No ama al mundo ni lo que éste ofrece (2:15).*
5) *No practica el pecado (3:9).*
6) *Vence el pecado (5:4)*

Ruego a Dios que nunca te pongas de novio con un joven no-cristiano. Al no hacerlo, habrás dado el primer paso hacia un matrimonio feliz.

Pero por otro lado, como cristiano no solamente debes casarte con otro cristiano, sino con un cristiano que crezca en el conocimiento del Señor Jesús, con un cristiano que no dificulte tu crecimiento espiritual sino que, por el contrario, te anime e inspire a crecer en tu fe.

Ante Dios toma la decisión de que te casarás con un compañero con quien puedas buscar el reino de Dios y su justicia toda la vida. ¡Nada puede ser más emocionante!

El amor. Pautas para tener en cuenta. I

4

Cuando un joven piensa en casarse, anhela hacer las cosas de la mejor manera, desea comenzar con un fundamento sólido. El joven no quiere edificar su casa sobre la arena sino sobre la roca. Si tienes a Cristo en tu corazón no tienes por qué fracasar, caer o arruinar tu vida. Con el Señor Jesús en tu vida podrás formar un hogar precioso donde valga la pena vivir.

* * *

¿ORGULLOSO O AVERGONZADO?

Hay una segunda pregunta importante que debes hacerte con respecto a la persona de quien crees estar enamorado: ¿ESTOY ORGULLOSO DE ELLA, O

ME AVERGONZARIA PRESENTARSELA A ALGUN PERSONAJE IMPORTANTE

El verdadero amor nunca se avergüenza de la otra persona. Todo lo contrario, está orgulloso de ella. No es necesario que tu pareja sea una estrella de cine para que la puedas presentar con arrogancia a tus amigos y conocidos. Lo importante no es la apariencia sino el sentimiento de tu alma hacia tal persona. Cuando alguien ama de verdad, tiene deseos de que todo el mundo conozca a su novio o cónyuge.

En mis viajes evangelísticos he conocido hombres que están avergonzados de sus esposas. Algunos han demorado varios días en presentármela porque sentían vergüenza de la apariencia de ella, de su falta de cultura, etc.

Amable lector, si eres un cristiano verdadero y estás de novio, esta pregunta será una buena prueba para saber si tu amor es genuino. ¿Estás orgulloso de tu novia? ¿Estás orgullosa de tu novio? Sé honesto contigo mismo y deja que fluyan a la superficie tus más íntimos pensamientos. Es una pregunta crucial.

¡Qué lindo si estuvieras orgulloso de presentar a tu compañero hasta al mismo presidente de la nación!

* * *

¿INFERIOR A MI?

Tercera pregunta: ¿CONSIDERO QUE ES INFERIOR A MI EN ALGUN ASPECTO?

Hace varios años estábamos celebrando un retiro juvenil en Colombia. Un joven de 22 años se acercó y me dijo que quería conversar conmigo. Salimos entonces a caminar un rato.

—En la costa, donde trabajo —me confesó—, tengo una novia. Soy maestro de una escuela y allí la conocí. Ella es bonita, me agrada mucho. Es una fiel cristiana. El problema es que mis padres dicen que ella es inferior a mí.

—A ver —le dije—, muéstrame la foto.

El muchacho sacó una fotografía de su bolsillo. Efectivamente era una joven muy bonita.

—Mira, continué diciendo—, quien se va a casar eres tú. El consejo y la opinión de tus padres tiene valor, por supuesto, pero la decisión final debe ser tuya. Lo que realmente importa es lo que piensas tú.

—Bueno —dijo el muchacho—, le voy a decir la verdad. Mis padres dicen que mi novia es inferior a mí porque yo tengo más educación. Yo voy a ser todo un profesional, y hay una gran diferencia en ese sentido.

—¿Crees que tus padres tienen razón? —pregunté—. ¿Consideras que tu novia será un motivo de vergüenza para ti?

Caminamos unos pasos en silencio, y por fin respondió con toda franqueza:

—Sí. Creo que debido al desnivel en nuestra educación, yo me siento superior en ese aspecto.

—Entonces, muchacho, no sigas con ella —fue mi consejo.

Eso no era verdadero amor. Cuando un joven ama a su novia, pero la ama de verdad, ese amor los llevará a un matrimonio feliz dentro de la voluntad de Dios, y nunca ha de considerar a su compañera inferior a él. Por esa razón le aconsejé a aquel muchacho que no siguiera la relación con su novia.

Lo mismo se aplica a una chica para con su novio. Hay muchas jóvenes que comienzan a noviar con muchachos de menos educación, y aunque les tienen cariño en su interior se sienten superiores y existe cierto sentimiento de vergüenza y menosprecio para con ellos. Este no puede ser el camino a una relación exitosa y feliz.

* * *

TERNURA Y NO MALTRATOS

Cuarta pregunta: ¿SIENTO RESPETO POR LA PERSONA DE QUIEN CREO ESTAR ENAMORADO, O ME TOMO LIBERTADES AL MALTRATARLA Y ABUSAR DE ELLA?

Según la Biblia, el verdadero amor es sinónimo de pureza. El verdadero amor piensa en la persona amada en términos puros. Si un individuo cree estar enamorado pero sólo tiene pensamientos egoístas e impuros hacia la persona que supuestamente ama, es señal de que eso no es amor. Se trata de una pasión. Cuando no hay respeto sino ciertas libertades en el trato —ya sea de palabra o de hecho— no existe real amor.

Recordemos que el Señor Jesús nos insta a amar a nuestro prójimo como a nosotros mismos, una doctrina que encontramos a través de toda la Biblia.

Quiere decir que mientras yo tenga respeto por mí mismo, tendré respeto por la otra persona.

El amor protege, es tierno y paciente, como afirma el capítulo 13 de 1a. Corintios.

Estimado joven, si la persona que dice amarte se toma libertades contigo ahora que están de novios; si hay malos tratos y abuso verbal, las cosas no mejorarán cuando se casen. Todo lo contrario. Si no hay respeto, no hay verdadero amor. Puede ser pasión, gran atracción física, pero no amor. Así que ten mucho cuidado.

Lamentablemente hay quienes creen que el amor se hace a golpes. No es así. El verdadero amor puede moldear, pero con ternura y suavidad, con la persuasión que nace del verdadero afecto en Dios.

* * *

PAZ EN EL CORAZON

Quinta pregunta: AL ESTAR EN ORACION, ¿SIENTO TRANQUILIDAD AL PENSAR EN CASARME?

El cristiano no debe tomar esta vital decisión del matrimonio sin consultarlo en oración con su Padre Celestial. Esta decisión sin el consejo divino puede conducir al desastre. Jesús afirmó:

Cualquier cosa que pidan en oración la recibirán si de veras creen. (Mateo 21:22)

Si tienes a Cristo en tu corazón, Dios es tu Padre

y oye tus oraciones. Decir que las "oye" no sólo significa que las **escucha** sino que también las responde. Dios es un Padre amante, y desea que te cases para ser feliz, para que hagas feliz a tu cónyuge y a los hijos que vendrán. Cada matrimonio afecta no solamente a la pareja sino a los hijos, a los nietos y a los descendientes en general.

Cuando estás en oración, ¿sientes dudas persistentes en cuanto a tu futuro matrimonio? Es una señal peligrosa. Si hay dudas de ese tipo es posible que no sea verdadero amor. Si bien en algún momento a todos se nos cruzan dudas, hay veces en que Satanás, el astuto y destructor enemigo de los cristianos, siembra esta semilla de angustia y ansiedad en el corazón de los jóvenes que están de novios. Por ello te pregunto si cuando oras sientes tranquilidad o intranquilidad al pensar en el casamiento.

La oración es una de las grandes claves de la vida cristiana abundante.

> *Que la paz de Dios reine en sus corazones, porque ese es su deber y privilegio como miembros del cuerpo de Cristo.* (Colosenses 3:15)

Esa paz interna que gobierna el corazón, es una indicación de que Dios está dirigiendo tus pasos. Cuando la paz embarga tu ser, Dios te dice que sigas adelante por el camino en que andas. Pero cuando Dios retira su paz, te está indicando que te detengas y reconsideres tu decisión.

En el Salmo 37 hay algunos versículos que debieras memorizar y poner en práctica:

*Pero confía en el Señor. Sé generoso y bueno
con el prójimo; entonces vivirás y prosperarás
aquí en la tierra, y te alimentarás seguro.
Deléitate con el Señor. Así El te dará lo que
tu corazón anhela. Encomienda al Señor todo
cuanto haces, confía en que El te ayudará a
realizarlo, y El lo hará.* (Salmo 37:3-5)

Si te deleitas en Dios cada día, si te deleitas en
tus devocionales con El cada mañana, leyendo la
Biblia y orando, y obedeciéndolo con alegría, entonces El te dará lo que tu corazón anhela.

La mejor recomendación que puedo darte es que
busques la voluntad de Dios de rodillas. Me gozo
al poder asegurarte —Dios puso en mí la certeza—
que El te guiará y dirigirá cada uno de tus pasos en
esta decisión trascendental.

5

El amor. Pautas para tener en cuenta. II

CELOS Y SOSPECHAS

Sexta pregunta. ¿TENGO PLENA CONFIANZA EN SU AMOR Y FIDELIDAD, O HAY CELOS Y SOSPECHAS INFUNDADAS EN MI CORAZON?

Es importante meditar en el siguiente pasaje bíblico:

> *Cuando seguimos nuestras malas tendencias, caemos en adulterio, fornicación, impurezas, vicios, idolatría, espiritismo (con lo cual alentamos las actividades demoníacas), odios, pleitos, celos . . .* (Gálatas 5:19-20)

Los celos no provienen de Dios; son obra de

nuestra naturaleza humana; son el resultado del pecado en el corazón del hombre. Ahora bien, si nuestro compañero se comporta de manera impropia, lo que sentimos en el corazón ya dejan de ser celos en el sentido bíblico de la palabra. Ya se convierte en una queja justificada contra la otra parte.

Pero si sientes envidia, si sobreproteges exageradamente, si tus celos son infundados, ello es señal de que algo anda mal en el noviazgo. Es muy cierto que los novios y los esposos quieren estar juntos; pero si tienen que justificar cada momento que han estado separados, es indicativo de falta de confianza mutua.

Si estás casado con quien no tiene a Cristo en el corazón, podría haber dudas y celos, pero no debiera suceder entre dos cristianos sinceros.

* * *

LARGAS CONVERSACIONES

Séptima pregunta: ¿PODEMOS CONVERSAR JUNTOS DURANTE LARGAS HORAS O NO TENEMOS NADA DE QUE HABLAR?

Se dice que el verdadero amor habla. El amor sin conversación pronto muere. El amor no es algo automático; debe cultivarse, y para ello es preciso conversar y compartir el uno con el otro. El amor se expresa revelándose en hechos y con palabras.

¿DISPUESTO A ESPERAR?

Octava pregunta: ¿ESTOY DISPUESTO A ESPERAR CUANTO TIEMPO SEA NECESARIO?

Cuando una persona está exageradamente apurada en casarse, es porque algo no anda bien. El apuro extremado por regla general es meramente sexual. El amor es paciente. El verdadero amor sabe esperar el momento adecuado. En Gálatas 4:4 leemos que *"cuando llegó el momento que tenía determinado, Dios envió a su Hijo."*

De la misma manera sucede con el matrimonio. El hombre y la mujer cristianos esperan que llegue "el momento" que Dios ha indicado y determinado.

* * *

¿BUSCO MI PROPIO BIEN?

Novena pregunta: ¿QUIERO SER LA CLASE DE PERSONA QUE MI COMPAÑERO PUEDA RESPETAR, O PRETENDO HACER TODO POR LA FUERZA? ¿QUIERO SALIR SIEMPRE CON LA MIA O BUSCO EL BIEN Y LOS DESEOS DEL OTRO?

No debes olvidar lo que dice 1a. Corintios 13 hablando del amor genuino. *"El amor no es presumido ni orgulloso; no es arrogante ni egoísta. No trata de salirse siempre con la suya."* Cuando existe verdadero amor, los dos están buscando el bien

del otro y no el bien propio. El que ama desea el
bien de la persona amada.

* * *

JUSTO PARA MI

Décima pregunta: ¿ES ELLA LA JOVEN
IDONEA PARA MI? ¿ES EL EL JOVEN
IDONEO? ¿SUPLIRA LAS DEFICIENCIAS
MIAS? ¿SUPLIRE YO LAS SUYAS?

En Génesis 2 vimos que Eva fue la ayuda adecuada
para Adán, la ayuda para él en todas sus necesidades.
Tu pareja debe ser tu complemento, tu otra mitad,
de manera que juntos vivan para la gloria de Dios.

* * *

ATRACCION FISICA

Undécima pregunta: La persona con que quiero
casarme, ¿ME RESULTA FISICAMENTE
ATRACTIVA?

Quizás esta pregunta te resulte ridícula. Sin embargo hay jóvenes que se deciden a contraer
matrimonio sin apreciar físicamente al futuro cónyuge. Esto ocurre, sobre todo, entre jóvenes que
quieren ser ''espirituales'' y vivir vidas santas para
Dios. Yo los comprendo. No quieren casarse por pasión física, y sí quieren estimar otros valores en el

futuro esposo. Sin embargo han llegado al otro extremo. Es peligroso el hecho de pretender que la apelación física no tiene importancia.

Somos seres tripartitos: cuerpo, alma y espíritu. Por supuesto que debemos colocar al amor en su justa perspectiva. Hay aspectos importantísimos como el espíritu, el intelecto, las emociones, la sociabilidad, el nivel cultural y educacional. Todo ello es muy cierto. Pero no se te ocurra despreciar o relegar el atractivo físico a un lugar intrascendente, pensando que es impropio.

En el mundo de hoy la hermosura matrimonial se ha torcido de tal manera que muchas veces nos sentimos motivados a reaccionar exageradamente en el otro sentido. Jamás olvides que Dios mismo creó nuestros cuerpos, y si bien el egoísmo y el pecado todo lo contaminan, el cristiano verdadero ve el cuerpo humano y la sexualidad como algo bello, maravilloso, cuando se entiende desde la perspectiva divina. Tal perspectiva está revelada en la Biblia.

* * *

EL PAPEL DE LOS PADRES

Duodécima pregunta: ¿ESTAN DE ACUERDO MIS PADRES CON NUESTRO NOVIAZGO Y FUTURO CASAMIENTO?

Dios mismo dijo:

Hijos, obedezcan ustedes a sus padres; esto es

> *lo correcto* . . . (Efesios 6:1) *Hijos, obedez-
> can siempre a sus padres, porque esto agrada
> al Señor.* (Colosenses 3:20)

Si los padres no dan el visto bueno, es arriesgado
proseguir con los planes. La obediencia a los padres
"agrada al Señor". Psicológicamente, no hay paz
en lo íntimo del ser ante un matrimonio gestado sin
la aprobación paterna y materna. Por otra parte, hay
satisfacción y alegría cuando las familias se forman
con el beneplácito de nuestros seres más queridos.

¿A quién irás en busca de consejo cuando surjan
desavenencias con tu cónyuge? ¿Acaso no te con-
testarán: "Ya te habíamos advertido que no te casaras
con Fulano"? Y suponiendo que cuando tengas luchas
interiores no vayas a tus padres para que te aconse-
jen, en tu corazón te vas a preguntar: "¿Tendrían
razón papá y mamá al oponerse a nuestro
matrimonio? ¿Nos estaremos encaminando al
desastre? ¿Y si en verdad todo fue un error?".

Si es de Dios que ustedes se casen, Dios mismo
puede cambiar la opinión de tus padres. Quizás ellos
estén esperando ver más madurez en ustedes, más
responsabilidad económica o disciplina. Trata de
averiguar por ti mismo por qué son contrarios a tu
noviazgo. Tal vez una sencilla aclaración de tu parte
resuelva las cosas. Tus padres pueden brindarte su
ayuda y experiencia.

Si has nacido en un hogar cristiano, el privilegio
es inmenso. Agradécele a Dios por ello. Pídele al
Señor la gracia para saber acercarte a tus padres con
sabiduría y pedir de ellos consejo en cuanto a la vida

amorosa en general, y en cuanto a tu elección en particular. ''Escucha el consejo de tu padre, oye la voz de tu madre,'' leemos vez tras vez en Proverbios.

Padres e hijos, madres e hijas, juntos, en comunión, compartiendo y ayudándose en este paso crucial de la vida —el casamiento.

En dos direcciones 6

Es normal, trascendental y hermoso que los jóvenes se hagan la pregunta **"¿Con quién me casaré?"**, pero no puedes estar continuamente pendiente del momento en que llegue esa persona. Debes enriquecer tu vida con los amigos cristianos que tienes a tu alrededor, y debes pedir al Señor que esas compañías sean para tu bendición y madurez. Es vital que un joven aprenda a desarrollarse en su medio, que se haga de amigos, y que también conozca a las familias de aquellos con quienes hace amistad.

Teniendo como amigos a otros creyentes en Cristo, obtendrás madurez en lo personal, en lo social y en lo intelectual. El evangelista Lucas nos introduce a los años jóvenes de nuestro Señor, dejándonos un modelo digno de imitar. Lucas 2:52 nos relata que Jesús crecía en estatura (desarrollo físico), en sabiduría (desarrollo intelectual), cautivando el amor

de Dios (desarrollo espiritual) y de los hombres
(desarrollo social).

El hombre es un ser gregario; fue creado para tener
comunión con los demás, para vivir en relación.
Todo ser humano necesita un círculo de amigos que
le ayude a crecer, a desarrollarse y a madurar.
¿Cuáles son algunos de los beneficios?

* * *

DIRECCION HORIZONTAL: YO Y OTROS

En primer lugar, hay un crecimiento en nuestra
habilidad para comunicarnos con los demás. Una de
las claves y llaves a un matrimonio feliz es la comunicación fluida entre marido y mujer. Hay millones
de familias que sufren desorientación y desaliento
porque no hay comunicación entre esposo y esposa,
entre padres e hijos. Es muy triste, pero no hay
habilidad para comunicarse ni para compartir
momentos alegres o experiencias de cualquier tipo.
Muchas familias se acostumbran a no conversar y
el silencio se convierte en algo corriente.

Muchos se excusan, diciendo: "Yo no puedo hacer
amigos; creo que la gente me desprecia." ¿Eres tú
una de esas personas? A menudo los más retraídos
son los que corren mayores riesgos de soledad, ya
que no tienen mucho de atrayentes pero sí bastante
de antipáticos. También existe el mito de que una
persona tímida y extremadamente instrospectiva es

una persona muy "espiritual" y por ende se la debe dejar tranquila en su propio mundo. Nada más lejos de la realidad. La verdadera espiritualidad no consiste en la apariencia de quietud. Sea cual fuere la situación, el secreto está en un texto del libro de Proverbios, que una de las traducciones lo cita de la siguiente manera: *"El hombre que tiene amigos, ha de mostrarse amigo."* (18:24 RV 1977)

Los amigos no sólo se consiguen cuando los demás vienen a buscarnos. Dios aconseja que nosotros mismos debemos ir y mostrarnos amigos. Cuando actuamos de ese modo, la gente comienza a responder y a brindarse.

El corazón del ser humano está ansioso de amor. Hay un gran número de personas que se sienten solas. Aun dentro de una gran ciudad hay soledad. ¡Qué importante, entonces, empezar a buscar amistad mostrándonos amigos!

Hace tiempo vivía en una zona en que todo el vecindario era frío y distante en cuanto a relaciones interpersonales. No había comunicación ni cercanía de almas, ni siquiera entre las mujeres. En esa época mis hijos habían comenzado a practicar deportes con los demás niños del barrio. Yo empecé a mostrarme cordial con los amiguitos de mis hijos, y descubrí que a los pocos días los padres de esos niños me saludaban y sonreían. Las madres pasaban frente a nuestra casa y nos saludaban, expresando así su gratitud porque nosotros habíamos tomado la iniciativa de hacer amistad con sus hijos. Fue así que también pudimos hacer amistad con los padres. Ese versículo de Proverbios "funcionó".

En segundo lugar, cuando comenzamos a tener amigos y a compartir tiempo con ellos, se amplían nuestros horizontes y se abren nuevos intereses culturales y sociales.

Cuando muchachos y chicas hacen amistad (y no me refiero únicamente a la amistad que luego puede llevar al matrimonio), comienzan a desarrollarse cultural, social y espiritualmente. La personalidad se abre, el corazón se expande y se empiezan a aprender miles de cosas nuevas.

En tercer lugar, al buscar nuevos amigos crecerá tu atractivo personal, lo que hará que otros te busquen. ¿Acaso no es lo que deseas? Te sentirás feliz y dispuesto a esperar el tiempo de Dios, el tiempo en que El te guiará a la persona que amarás de verdad para toda la vida.

* * *

DIRECCION VERTICAL: YO Y DIOS

Dios por su parte siempre ha buscado amistad con el hombre. De la misma manera, nosotros debemos buscar amistad y comunicación con otros. En el libro de Proverbios Dios se personaliza en la sabiduría y afirma:

Amo a cuantos me aman. Los que me buscan, sin duda me hallarán . . . Los que me aman y me siguen, son ricos en verdad. (Cap. 8:17, 21)

Así como Dios busca tu amistad, busca tú también la amistad de otros y de Dios.

La amistad con Dios es el punto de partida para poder contestar con seguridad la pregunta "¿Con quién me casaré?". Es importante la relación en dirección horizontal (con nuestros semejantes), pero tiene prioridad la relación vertical (hacia el cielo).

Sea que ya puedas contestar con nombre y apellido "¿Con quién me casaré?", o sea que aún estés tratando de descubrirlo, debes tener presente que el matrimonio cristiano no está formado por dos personas sino por tres. La tercera parte es Cristo Jesús. En El se halla la base de un noviazgo y un matrimonio feliz. Cristo es la fuerza unificadora de la pareja, por eso la Biblia dice: *"No se unan en matrimonio con los que no aman al Señor"*, porque ¿cómo puede haber comunión cuando uno de los esposos no es creyente en Cristo?

Patricia, mi esposa, entregó su corazón a Cristo cuando tenía 8 años. Yo lo hice a los 12. Cuando unimos nuestras vidas, lo hicimos ante el Señor. El es la tercera persona en nuestro matrimonio. El es quien nos acerca como pareja a medida que nos acercamos más a El.

Si quieres casarte, ser feliz y formar un hogar de acuerdo a los planes de Dios, debes encontrar un compañero que comparta tu fe en el Señor Jesús, ya que El es el **centro de unión**.

Tiene que haber una fuerza externa que invada el corazón del muchacho y de la chica, uniéndolos de manera permanente. O sea que ya no habrá dos voluntades sino una. Precisamente ésa es la volun-

tad de Dios, y los que aman a Cristo se entregarán
gustosamente a ese proceso.

A un lado el muchacho, al otro lado la chica, y
en el centro Jesucristo, abrazando y uniendo a los
dos.

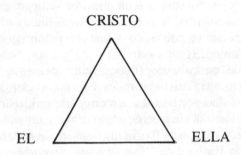

CRISTO

EL   ELLA

¿Quieres un matrimonio feliz? Aprende de memoria
el texto de Gálatas 2:20.

*Con Cristo estoy juntamente crucificado, y ya
no vivo yo, sino que Cristo vive en mí, y lo que
ahora vivo en la carne, lo vivo en la fe del Hijo de Dios, el cual me amó y se entregó a sí
mismo por mí.* (RV 1977)

Yo lo he parafraseado para que una pareja que
quiere alcanzar esa unidad lo lean y lo digan juntos:
''Con Cristo **estamos** juntamente crucificados, y ya
no vivimos **nosotros**, sino que Cristo vive en
nosotros; y la vida que ahora **vivimos** es en la fe
del Hijo de Dios, el cual **nos** amó y se entregó a sí

mismo por **nosotros**.'' Sólo cuando Cristo vive en los dos corazones, la pareja encontrará unidad.

Cuando el hombre y la mujer pueden decir: "Con Cristo **estamos** crucificados", han dado el primer paso para desterrar el egoísmo, que a través de la historia es el mal que ha causado más problemas en las familias. Habrán dado también un paso vital hacia la respuesta de la pregunta **"¿Con quién me casaré?"**.

Si aún eres soltero y deseas hallar un compañero para la vida, piensa en uno con quien puedas decir: "Con Cristo estamos juntamente crucificados", y entonces podrás continuar: "y ya no vivimos nosotros sino que Cristo vive en nosotros." Al llegar a este punto habrá una gloriosa esperanza para la pareja, un futuro maravilloso. Ya no será el egoísmo quien domine la situación sino Jesucristo, el mismo que tomó forma humana para poder morar luego en el corazón del hombre, cuando éste toma su decisión de fe.

* * *

PASIONAL Y SOBRENATURAL

Cuando el Señor Jesús es la tercera persona que compone el triángulo perfecto en la pareja, el amor divino empieza a inundar los corazones. Pero cuando Jesucristo no ocupa el centro, el egoísmo se impone y predominan las pasiones carnales y turbias, las relaciones con nerviosismo y la inseguridad. Por ello debemos tener en mente las palabras que Dios pusiera en boca del apóstol San Pablo:

El amor de Dios ha sido derramado en nuestros corazones por medio del Espíritu Santo que nos fue dado. (Romanos 5:5, RV 1977)

Cuando los dos podemos decir (como en el caso de mi esposa y yo) el texto de Gálatas 2:20 en plural, entonces también podemos afirmar que el amor de Dios ha sido derramado en nuestros corazones. Como consecuencia, ese amor divino que llena nuestro ser hace que nos amemos de manera sobrenatural.

Hay que reconocer que el amor del que por lo general se habla en películas y libros románticos corrientes, es un amor enteramente **pasional**. Pero este amor divino, el amor que produce verdadera unidad de corazones, es un amor **sobrenatural**. En realidad es el amor de Dios actuando en nosotros, fluyendo de nuestro ser y yendo hacia los demás —y por cierto en forma muy especial hacia mi compañero.

7

Unión
y
Comunión

El hombre fue creado para vivir en sociedad. El ser humano necesita unión y comunión; no fue creado para estar solo, como un barco flotando en el océano de la vida sin timón ni orientación. Dios hizo al hombre y a la mujer para que experimenten la indescriptible alegría de la unión y la comunión en el matrimonio. La comunión, una palabra muy usada en círculos cristianos, no es otra cosa que el intercambio de ideas, de pensamientos y de corazón.

Todo el mundo desea hallar a alguien con quien compartir lo que uno siente, sueña y ambiciona. Dios instituyó el matrimonio para que así fuera. Ya sea que aún te estés preguntando **"¿Con quién me casaré?"** o que hayas encontrado a tu pareja, debes saber que en el matrimonio uno puede llegar a compartir todos los sentimientos. El matrimonio es la fusión de dos mentes y dos corazones, dos sueños de

ser felices. La pareja debe compartir todo, aun
aquello que no es fácil. Esto ocurre en un proceso
de crecimiento y maduración. Requiere tiempo y
esfuerzo de ambos.

* * *

EL AMOR, UN SENTIMIENTO QUE HAY QUE APRENDER

Es maravilloso ver un matrimonio unido, donde
no haya secretos del uno para el otro. Pero esa unidad
debe darse a todo nivel. Por eso decimos tantas veces
a los jóvenes que el mero emocionalismo no es amor.
Lo que nos atrae hacia el sexo opuesto no significa
que, de hecho, dará como resultado un hogar feliz.
El ser humano necesita vivir en unión y comunión.
Es bueno que recordemos las palabras del apóstol
en Hebreos 10:24,

*Considerémonos unos a otros para estimular-
nos al amor y a las buenas obras.* (R.V. 1977)

El amor no brota en forma espontánea; hay que
cultivarlo y estimularlo. Somos una raza caída en
pecado, y por ello el amor no siempre surge
naturalmente en la relación matrimonial. Hay quienes
dicen que en su pareja "el amor ha muerto." No
está muerto. Está dormido porque han dejado de
"regarlo" y han dejado de cultivar la comunión.

Cabe citar aqui ese pasaje que dice:

> *Si decimos que tenemos comunión con él, (Dios)
> y andamos en tinieblas, mentimos y no practica-
> mos la verdad; pero si andamos en la luz* (o
> sea honestamente, con sinceridad) *como él está
> en la luz, tenemos comunión unos con otros y
> la sangre de Jesucristo su Hijo nos limpia de
> todo pecado.* (1a. Juan 1:6-7 R.V. 1977)

Por naturaleza el ser humano no ama. Soñamos
con el amor, pero practicamos el odio, el desprecio
y la crítica. ¡Hay tanto rencor en nuestro mundo! Sin
embargo Cristo vino a la tierra para renovar la unión
y la comunión, y para hacer posible una plena relación entre los seres humanos, en particular dentro
del matrimonio.

* * *

A TODO NIVEL

La unión y comunión de que hablamos son
posibles. Ahora bien, es importante tener en cuenta
que para casarse uno debe buscar unidad a todo nivel.

En primer lugar, tiene que haber unión y comunión ESPIRITUAL. Para ello es imprescindible que
los dos tengan a Cristo en el corazón. De lo contrario la comunión en el terreno espiritual no puede
existir. No hay vida espiritual en aquellos que no han
aceptado al Señor Jesús como Salvador. No puede

haber unión y comunión en el hogar si primero no
se ha experimentado lo mismo con Dios. La verdadera intimidad comienza con unidad espiritual en
Cristo, la cual luego une a la pareja en todos los
aspectos de la vida. Lee con detenimiento la siguiente
porción bíblica:

> *Recuerden que en aquellos días ustedes vivían*
> *alejadísimos de Cristo, excluidos de la ciu-*
> *dadanía del pueblo de Dios, y no habían*
> *recibido la promesa. Estaban perdidos, sin*
> *Dios y sin esperanza. Pero ahora pertenecen*
> *a Jesucristo . . . Cristo es nuestra paz pues*
> *logró hacer de nosotros los judíos y de ustedes*
> *los gentiles un solo pueblo, derribando la pared*
> *de enemistad que nos separaba. Al morir puso*
> *fin al gran resentimiento causado por la ley*
> *mosaica, que hacía de los judíos un pueblo*
> *privilegiado y los separaba de los gentiles. Y*
> *tras anular tal sistema de leyes, tomó los dos*
> *grupos antagónicos y los hizo parte de sí*
> *mismo, fusionándolos en un solo cuerpo, en un*
> *solo hombre nuevo; y se produjo la paz.*
> (Efesios 2:12-15)

En segundo lugar, la unión tiene que ser IN-
TELECTUAL. Ambos debieran tener un desarrollo
similar en el terreno del intelecto. Muy a menudo
en el fervor de la juventud queremos dejar de lado
las diferencias —y a veces abismos— en cuanto a
cultura y educación. Sin embargo, a medida que pase

el tiempo comenzarán y aumentarán los tropiezos, las dificultades y las luchas. Uno se avergonzará del otro, y el otro se sentirá herido. Hay miles de parejas que se han divorciado porque no tomaron en cuenta el principio de la unidad intelectual.

En tercer lugar, cuando pienses en la persona con quien te has de casar, ten en cuenta que la unión matrimonial debe darse también a nivel SOCIAL. Debe haber similitudes en el roce social, en las costumbres de ambos. Por cierto que es posible desarrollar estas costumbres, pero las grandes diferencias sociales entre los cónyuges, a la larga producirán tensiones. Yo he aconsejado a cientos de parejas cristianas, sinceras, con ambiciones nobles, pero a la vez con tremendas luchas porque en el aspecto social no había unidad.

En cuarto lugar, tiene que haber unidad a nivel EMOCIONAL, o sea en el grado de madurez mutua. Por esa razón es aconsejable que no existan diferencias de edad demasiado marcadas. De lo contrario muy a menudo habrán de originarse luchas porque uno será mucho menos maduro que el otro, el más maduro perderá la paciencia, y las divergencias resultarán en tristezas y dificultades.

En quinto lugar, los jóvenes deben considerar la importancia de la unidad VOCACIONAL. Ambos tienen que entender claramente cuál va a ser el propósito de su vida juntos. ¿Qué objetivos tiene cada uno? Si uno quiere ser misionero y el otro desea una vida fácil y cómoda, no habrá compatibilidad. Si uno quiere ser pastor y el otro no siente amor por el pastorado, es inútil que siga el noviazgo ya que las metas son disímiles.

Por último, la unión en el matrimonio llegará a ser FISICA. Los jóvenes deben comprender el valor y lo sagrado del sexo, que es un medio de comunión. Un amigo cristiano maduro, ya casado, podrá ofrecer consejos muy valiosos sobre el vital aspecto de la intimidad conyugal. No debemos despreciar la opinión de personas responsables y de confianza; aunque no comprendamos todas sus ideas, el intercambio será saludable.

Es muy beneficioso hacer amistad con personas casadas y felices, que puedan hablar con la autoridad de una vida limpia a los ojos de Dios.

Obedezcan a sus guías espirituales, y sométanse a ellos, porque su trabajo es velar por las almas de ustedes, y a Dios han de dar cuentas de esto. Permítanles dar cuentas de ustedes con alegría y no con tristeza, porque si no, ustedes también sufrirán. (Hebreos 13:17)

En el tema del noviazgo y el matrimonio es invalorable el consejo y la "comunión" de los pastores y líderes espirituales. Además, buena literatura será fundamental. Buenos libros son buenos consejeros.

Pero por sobre todas las cosas, lee la Biblia a diario, y así tendrás momentos de comunión con tu Creador. El nos dejó su Palabra, *"para capacitarnos plenamente para hacer el bien"* (2a. Timoteo 3:17).

Mientras esperas

8

APRENDE A ESPERAR

Cuando uno comienza a pensar seriamente en el matrimonio, debe considerar todos los aspectos. Quiero enfatizar uno que, para mí, es de gran importancia: el apresuramiento. No te apresures en esta trascendente decisión de la vida.

Hay miles de hogares y familias cristianas aburridas de la vida. O quizás tengan otro tipo de problemas porque los esposos se apuraron a casarse. Tal vez eran demasiado jóvenes cuando empezaron la relación y luego no quisieron esperar lo suficiente para llegar al altar. Llegan a los 35 ó 40 años y ya no saben de qué conversar; están cansados el uno del otro. Se casaron siendo muy jóvenes y no han sabido marchar hacia adelante con una actitud positiva.

Por supuesto que el simple hecho de casarse a temprana edad no tiene por qué traer como resultado un hogar aburrido o serias dificultades entre esposos. Ambos pueden madurar, crecer juntos, seguir adelante, y la vida puede ser un deleite hasta la ancianidad. Sin embargo el apuro en casarse a la larga puede ocasionar problemas.

Es bueno recordar que, como ya lo hemos mencionado, el apuro es a menudo un impulso sexual. El amor sabe esperar.

* * *

CONOCERSE, COMPRENDERSE, CONFIARSE

El primer paso para llegar al verdadero amor es **conocerse mutuamente.** De no ser así ese amor sólo será romántico y superficial. Es obvio que la nariz bonita, el cabello sedoso y el caminar grácil no garantizan un hogar feliz (aunque por supuesto uno debe sentirse atraído hacia la otra persona). Es preciso llegar a conocerse mutuamente, conocer los diferentes estados de ánimo, la manera de pensar, interiorizarse en la educación y los gustos del otro; saber qué es lo que piensa en cuanto a la relación con Dios, la cantidad de hijos, etc. Y también será bueno conocer a la familia del futuro compañero de la vida.

Es verdad que después de casados es cuando más uno llega a conocer al otro, pero el proceso debe comenzar antes de la boda.

Además hay que **comprenderse mutuamente.** No es cuestión de decir: "Apenas lo vi me enamoré y a las tres semanas me casé." Es muy factible que un matrimonio con ese fundamente termine en fracaso o en el enfriamiento de las relaciones. Hay que conocer la manera de pensar y de actuar de la otra parte, estudiar sus reacciones, su razonamiento, y tratar de comprenderlo. La Biblia nos dice: *"El principio de la sabiduría es: adquirir sabiduría; y aun a costa de todas tus posesiones adquiere inteligencia"* (Proverbios 4:7 R.V. 1977). Conocimiento y sabiduría no son sinónimos. El mundo está lleno de conocimiento científico, pero hay una gran escasez de sabiduría. Comprenderse mutuamente es ser sabio.

En tercer lugar, es preciso **confiarse mutuamente.** Cuando no hay confianza sino sospechas, celos, inseguridad, ansiedad y dudas, es señal de que la relación está mal encaminada. Muchas veces esa actitud de celos termina en violencia o bien en el fin de la amistad. Cuando en una pareja no existe confianza mutua, es señal de que en su lugar existe lo que la Biblia llama una relación "en la carne." Esto no se refiere al aspecto sexual sino al ser humano sin el control interno de Cristo.

Cuando no hay confianza en la pareja es porque uno, el otro o ambos no están caminando bajo la guía del Espíritu Santo de Dios. Es también indicación de que esa relación no está dentro del plan de Dios. La Biblia declara: *"En el amor no hay temor"* (1a. Juan 4:18 RV. 1977). La persona que ha recibido el perdón de sus pecados no tiene temor de Dios en

cuanto al juicio divino porque el amor de Dios ha
inundado su corazón. De la misma manera, cuando
hay verdadero amor entre novios y esposos, no habrá
temores ni sospechas sino confianza absoluta.

* * *

MIENTRAS ESPERAS . . .

En líneas generales podemos afirmar que **Dios ha
preparado un compañero para ti.** Es sólo con
respecto a una minoría que el matrimonio no está
en el plan divino. En ese caso El tiene otro plan muy
especial para la vida. Así que mientras buscas y
esperas que llegue la persona que Dios tiene prepa-
rada, aprovecha y redime el tiempo.

Prepárate intelectualmente. Dedica tiempo al es-
tudio. Cuando uno lee seriamente, estudia e inves-
tiga, la mente crece y se desarrolla. La persona crece. Crece, entonces, y conviértete en un verdadero
hombre, una verdadera mujer, para poder contribuir
al matrimonio con cosas positivas. Sé un estudiante
toda tu vida.

Aprovecha la vida para ganar experiencias. Ca-
mina hacia la madurez. Prepárate para llegar al matrimonio con una personalidad que contribuya al
amor y a la comprensión. ¿De qué sirve que un joven se case cuando solamente posee capacidades bio-
lógicas? Aprovecha bien tu tiempo mientras eres soltero. Gana experiencias diariamente. Dedica tiempo
a viajar, a ir a campamentos, a retiros y a conferen-
cias, a hacerte de nuevos amigos. De esa manera,

cuando por fin encuentres a tu otra mitad, tendrás mucho que compartir en los años que vendrán.

Organízate en cuanto a finanzas, que es un aspecto vital. Más aun cuando se piensa en una familia. "Contigo pan y cebolla", dicen algunos. "Amor, pan y agua", dicen otros, y son sinceros al decirlo. Sin embargo, para vivir se necesita más que eso. Son muchos los que han llorado lágrimas de frustración al comprobar que aquellas frases eran sumamente idealistas. Sé responsable con el dinero, o podrás malograr tu vida toda. Tu actitud en este aspecto revela tu carácter. Disciplina tu vida económica y observa la actitud de tu compañero. Cuando se comprometan, hagan un presupuesto para la vida de casados, cuánto ganarán, cuánto gastarán, qué van a necesitar, etc. Esta cuestión no debe ser descuidada. Es recomendable organizarse desde ahora ya que la vida familiar requiere mucha disciplina.

Mientras esperas que llegue a tu vida "esa persona", deléitate en el Señor Jesús, tu Dios. El salmista David nos ha dejado palabras que vez tras vez yo repito a la juventud. Este fue uno de los pasajes claves en mi vida personal, y podrá serlo en la tuya:

Confía en Jehová, y haz el bien; habita tu tierra, y cultiva la fidelidad.
Pon asimismo tu delicia en Jehová, y él te concederá las peticiones de tu corazón.
Encomienda a Jehová tu camino, y confía en él; y él actuará. (Salmo 37:3-5 RV1977)

Si te deleitas en Dios cada día, si te deleitas en tus devocionales diarios, leyendo la Biblia, orando y obedeciéndole con alegría, la Biblia dice que "él te concederá las peticiones de tu corazón."

Deléitate en el Señor . . . Dios hace la promesa a la gente joven que confía en El. ¿No es maravilloso?

Hay muchos jóvenes que tienen una idea extraña acerca de Dios. Hay quienes dicen: "Si yo le encomiendo a Dios este asunto del matrimonio, quizás me dé una persona aburrida. O tal vez me envíe un muy buen cristiano pero de aspecto desagradable." ¿Estás tú entre los que piensan de esta manera? ¿Hay algún amigo tuyo en esta situación? ¿Te causa gracia? Debes saber entonces que hay muchos convencidos de que Dios les dará la peor persona en lugar de darles la mejor. ¡Qué extraños somos! Es el resultado de nuestra naturaleza pecadora.

Querido amigo, no te apresures en esta decisión tan crucial. Aprovecha al máximo todos tus días, meses y años, y deléitate en el Señor. Si lo haces, El promete darte el joven o la chica que necesitas. Ni más ni menos que lo que necesitas. A veces creemos saber la clase de compañero que necesitamos. Pero Dios es nuestro Creador; El nos hizo y sabe perfectamente qué es lo mejor y lo más conveniente para cada uno.

Así que deléitate en el Señor mientras esperas. Deja que El controle tu vida. Habla con El en cualquier circunstancia en que te encuentres. Alábalo en todo. Sirve y evangeliza a otros. Obedécele con alegría. Dios, entonces, te concederá los deseos de tu corazón. Si caminas a su lado, si pones tu deleite en El, ten por seguro que tendrás un hogar feliz; ten por cierto que tendrás el matrimonio que soñaste. Tendrás un futuro maravilloso porque Dios es tu Dios y la vida con Cristo es grandiosa.

Una vida nueva

9

Un consejero cristiano me confesó que, de acuerdo a su experiencia, los problemas matrimoniales podrían dividirse en tres categorías:

* No dejar a los padres
* No unirse al compañero
* No desarrollar una relación de unidad

Moisés (en Génesis), el Señor Jesús (en los Evangelios) y luego el apóstol Pablo (en sus epístolas) usan los mismos tres conceptos para describir el ideal de Dios en el matrimonio: "El hombre dejará a su padre y a su madre y se unirá a la mujer con quien se casa para poder ser una sola carne." El matrimonio incluye dejar a los padres y unirse al cónyuge. Es una unión total, íntima y excluyente entre un hombre y su mujer.

El casamiento es en verdad una nueva vida. El hombre y la mujer que contraen matrimonio dejan atrás una etapa de su existencia y comienzan otra totalmente distinta. Es el comienzo de un nuevo día. "Será una sola (y nueva) carne."

No es cuestión de que el hombre diga:

—Bueno, voy a dejar el 50% de las cosas que no le agradan a mi esposa.

Tampoco es cuestión de que la mujer diga:

—Yo voy a dejar el 50% de lo que no le gusta a mi esposo. Y entre los dos llegaremos a un acuerdo satisfactorio.

Las cosas no son así. Ambos deben considerar el matrimonio en términos de morir a los deseos y ambiciones propias, vivir una nueva vida y transformarse en una nueva persona. La Biblia enseña que el hombre y la mujer son una sola cosa —algo nuevo— desde el momento en que se casan. Esto no es un ideal o una ilusión; es la realidad tal como Dios la presenta.

* * *

EL MISMO, PERO NUEVO . . .

Pensemos en un hombre pagano, sin interés en las cosas de Dios, que vive una vida más o menos normal en términos humanos. Un día oye el mensaje de Jesucristo y se convierte a El, no a una religión sino a Cristo mismo. Desde ese momento el hombre comienza a vivir una nueva vida. Por un lado es el mismo hombre de siempre, pero en otro sentido es un hombre completamente nuevo. Antes de convertirse vagaba por la vida sin Dios, sin Cristo y sin esperanza (Efesios 2:12). Pero cuando el Señor Jesús entra en su vida, Dios vive en su corazón y el hombre se transforma en prácticamente un desconocido para quienes eran sus amigos. La diferencia está en que ahora tiene a Dios en su alma.

En muchos aspectos el matrimonio es como la conversión. El hombre y la mujer son los mismos, pero hay una diferencia tremenda. Alguien ha entrado en cada una de las vidas. Es una unión íntima, misteriosa y mística.

* * *

COMPLEMENTO RECIPROCO

El egoísmo es uno de los males que destruyen a las familias. La Biblia nos enseña que Dios nos creó para que nos complementemos mutuamente.

Jehová Dios dijo: "No es bueno que el hombre esté solo. Le voy a hacer una compañera que sea de ayuda para él en todas sus necesidades". (Génesis 2:18).

El hombre fue creado para la mujer, y la mujer para el hombre. Dios nos hizo para que fuésemos un complemento recíproco. El esposo sin la esposa está incompleto, y lo mismo sucede con la esposa sin su marido. Cada uno tiene debilidades, faltas y

necesidades que sólo el otro puede solucionar, y
vacíos que sólo el otro puede llenar.

* * *

EL SELLO SEXUAL

Por otra parte, el casamiento queda sellado en la
relación sexual, sagrada y maravillosa como es. Por
esa razón el sexo fuera del matrimonio es una in-
congruencia, algo que carece de significado y se convierte en degradante. La unión sexual es expresión
y símbolo del misterio de la unidad de dos personas
al más íntimo nivel. Esa unión multifacética sólo se
da en el matrimonio cristiano, donde el acto
matrimonial sella de manera vívida, mística y profunda la unión que Dios crea en la pareja. Creo que,
aunque abiertamente lo nieguen, muchos de los que
sostienen relaciones sexuales fuera del matrimonio
se sienten culpables, manchados e insatisfechos porque están negando una unión que debe producirse
a todo nivel.

"Y los dos serán una sola carne," dijo Dios. ¡Qué
frase tan cargada de significación!

* * *

SACATE LA MASCARA

En una ocasión me vino a ver un caballero con
un gran problema en su hogar. Llevaba varios años

de casado, tenía hijos, pero estaba ante un gran conflicto con su esposa. Cuando vino a conversar conmigo parecía al borde del llanto.

Era un hombre culto, de buena posición, y me confesó:

—Ya no puedo seguir junto a mi esposa.

Le hice una serie de preguntas para descubrir el fondo de su problema, hasta que al fin admitió:

—La mujer con la que vivo ahora no es la mujer con quien yo me casé.

—¿Qué quiere decir?— le pregunté.

—No me malinterprete. Es la misma mujer, pero una cosa era ella cuando estábamos de novios, y otra muy distinta ahora que estamos casados. Si yo hubiera sabido sobre ella lo que sé ahora, jamás me hubiera casado.

Desgraciadamente no era el único hombre en el mundo con ese problema. Hay millones en la misma situación, y quizás haya más mujeres que hombres. Muchas esposas vienen a consultarnos su situación y admiten:

—Mi esposo cambió de la noche a la mañana.

Incluso hay casos en que el mismo día de la boda, el novio romántico, considerado, gentil y paciente, se transforma en un esposo violento, desconsiderado y autoritario. La flamante esposa, entonces, queda destrozada y asustada ante tamaño descubrimiento.

Uno de los problemas es que el ser humano **pretende ser lo que no es.** Vivimos con una máscara puesta que cubre lo que en realidad somos. Antes de llegar al matrimonio, novios y novias deben arrancarse las máscaras y hacer a un lado las apariencias.

Debieran hacerlo desde el primer día y descubrir el
alma tal cual es. Existe el mito de que no es de hombres mostrar debilidades, y que se debe usar una
máscara para esconder los verdaderos sentimientos.
¡Totalmente falso!

Es necesario ser honestos, sinceros, abiertos y
transparentes. Si pretendemos ser lo que por cierto
no somos, estamos mintiendo descaradamente. Ten-
gámoslo presente.

*Antes bien, renunciamos a los subterfugios ver-
gonzosos, no andando con astucia ni adulteran-
do la Palabra de Dios, sino por la manifestación de la verdad, recomendándonos a nosotros
mismos ante toda conciencia humana en la presencia de Dios.* (2a. Corintios 4:2 R.V. 1977).

Tu noviazgo y matrimonio serán experiencias fan-
tásticas si hoy mismo resuelves, de una vez para
siempre, que ya no tendrás cosas que esconder. Será
un gran alivio, una tranquilidad de conciencia. Al
dejar hipocresías y falsedades sutiles, el alma se sentirá liberada y empezarás a convertirte en lo que
debes ser.

* * *

EL COMIENZO DE
UNA VIDA FELIZ

El acto de sacarse la máscara se asemeja al nuevo
nacimiento. Cuando el ser humano admite que es

pecador, reconoce que su vida es un fracaso, que no ha alcanzado sus ideales y mucho menos los ideales de Dios; cuando arrepentido recibe a Cristo en el corazón, es una nueva criatura. El arrepentimiento implica, precisamente, que el individuo se quita las máscaras, deja de lado las apariencias y desnuda su alma delante de Dios. En ese momento Dios lo perdona, la persona "nace de nuevo" (Juan 3:5) y comienza una nueva vida.

Lo mismo sucede cuando se quita su máscara ante el cónyuge o novio. Una vez que da este paso crucial, una vez que deciden ambos ser sinceros el uno con el otro, entonces empieza la verdadera felicidad. La mayoría de nosotros vive ocultando cosas que no queremos dar a conocer. No andemos con astucia; manifestemos la verdad. El hecho de ser abiertos y sinceros es uno de los grandes secretos para afirmar un noviazgo y echar cimientos sólidos para un hogar cristiano feliz.

Comienza dando el primer paso. Debes nacer de nuevo, recibiendo a Cristo y despojándote de toda apariencia ante Dios. Pero si ya has renacido, entonces vive una vida transparente, sin nada que ocultar.

El pasaje de 2a. Corintios dice que no debemos adulterar la Palabra de Dios. La Biblia no debe usarse para manejar al novio o a la esposa. Tenemos que andar "por la manifestación de la verdad". Así nos hizo Dios, para ser libres, pero la libertad en el matrimonio no se conoce (como tampoco se conoce a nivel personal) hasta que decidimos vivir "en la verdad"

Quiera Dios que este sencillo pensamiento pueda ser el comienzo de una vida nueva. Si eres cristiano, una vida nueva en el noviazgo o el matrimonio.

Recuérdalo. Quítate la máscara y deja que Cristo te gobierne internamente.

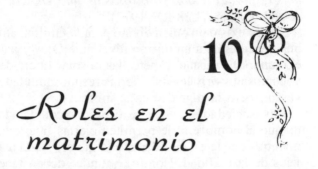

10

Roles en el matrimonio

IGUAL DIGNIDAD Y DERECHOS

San Agustín dijo una vez:

> "Si la intención de Dios hubiera sido que la mujer gobernara al hombre, la hubiera tomado de su cabeza. Si hubiera querido que fuera su esclava, la hubiera tomado de sus pies. Pero Dios formó a la mujer del costado del hombre, porque la hizo su compañera idónea."

La Biblia enseña que el esposo debe confiar en su esposa y la esposa descansar en su esposo como líder espiritual del hogar. Esto no implica inferioridades de ningún tipo. A los ojos de Dios el hombre y la mujer están a un mismo nivel. *"No hay varón ni mujer; porque todos vosotros sois uno en Cristo Jesús''* Gálatas 3:28 RV 1977).

Si bien existe un orden divino para la familia, ambos deben estar a un mismo nivel ante Dios y ante el mundo. El mismo respeto, las mismas libertades y los mismos privilegios. Ciertas responsabilidades varían, pero la dignidad es la misma.

Hay sociedades donde se especula con la idea de que al hombre se le permiten ciertas libertades mientras que le están vedadas a la mujer. Nada más lejos de la realidad. Hombre y mujer deben tener iguales derechos.

En culturas donde no se siguen los lineamientos cristianos, o donde su influencia no llega, a la mujer se le considera un ser inferior. Pero según la Biblia ella debe compartir toda responsabilidad y todo privilegio.

Es muy importante recalcar que sólo la Biblia ha elevado el matrimonio al nivel sagrado. Cuando el Hijo de Dios se hizo hombre y murió en la cruz para llevar nuestros pecados sobre sí (1a. Pedro 2:24), perdonó nuestros pecados y elevó nuestra condición. Cristo no sólo murió para salvar al individuo, sino también para elevar el matrimonio, la familia y la nación. Dios nos ama. Ama a todas las personas en todas las circunstancias. Dios eleva, restaura y completa al individuo y a su familia.

Ahora bien, para alcanzar la meta de un hogar feliz, hay que tener en claro los roles dentro del matrimonio. Si bien existe la posibilidad de adaptación y maduración en la pareja, existe también el peligro de no alcanzar esa felicidad soñada. Yo he sido testigo de millares de parejas con tensiones, problemas y luchas internas, aunque quizás ello no resultaba evidente a los demás. La razón de tales dificultades es que los esposos confunden sus roles en la familia.

Hay un orden establecido para el matrimonio. Es un orden divino y, por lo tanto, el mejor que podemos adoptar. Si eres casado y vives en constantes roces y tensión con tu cónyuge; si eres soltero y estás pensando en formar un hogar con la persona de tus sueños, déjame decirte lo importante que es vivir de acuerdo al orden de Dios para la familia.

Lee Efesios 5, 1a. Corintios 7, el libro de los Cantares de Salomón y también todo el libro de Proverbios. Hay allí suficiente material para levantar, dar nueva vida y reverdecer a cualquier familia, llenándola de fruto.

* * *

ORDEN DIVINO PARA EL ESPOSO

De acuerdo al plan de Dios, el esposo tiene que cumplir con ciertas responsabilidades. En la familia **él debe ser la persona amante.** Por lo general creemos que la esposa es la fuente de amor en el hogar. La Biblia enseña que ese concepto exclusivista del amor está fuera de orden. Aunque es cierto que la mujer es un ser amante, tierno y dulce, y también es cierto que debe practicar esas cualidades, es el hombre quien debe tomar la iniciativa del amor dentro del matrimonio. El hombre es el que puede implantar en la familia el ambiente cálido del amor.

Conviene analizar con detenimiento un pasaje bíblico sobre el tema:

> *Los esposos, por su parte, deben mostrar a sus esposas el mismo amor que Cristo mostró a su iglesia. Cristo murió para hacer de ella una iglesia santa y limpia (lavada en el bautismo y en la Palabra de Dios), y presentársela a sí mismo gloriosa, sin manchas ni arrugas ni nada semejante, sino santa e inmaculada. Así deben amar los esposos a sus esposas, como partes de su cuerpo. Porque si la esposa y el esposo son uno, ¡el hombre que ama a su esposa se ama a sí mismo! Nadie aborrece su propio cuerpo; antes bien, lo sustenta y lo cuida con esmero. Cristo hace lo mismo con ese cuerpo suyo del que formamos parte, la iglesia.*
> (Efesios 5: 25-30)

En el matrimonio el amor no es una opción; es la base; es el fundamento; es el aceite que lo mantiene funcionando con suavidad. El amor no es algo ideal sino real, y se controla por medio de ciertas leyes y mandamientos divinos.

Amor es sacrificio voluntario. Amor es dedicación de tiempo. Amor es preocuparse por el bienestar de la pareja. Amor es no hacer demandas egoístas. Muchos hombres durante años siguen prendidos a las faldas de su madre, y requieren de sus esposas lo que un niño de su mamá. Sin embargo, el marido que verdaderamente ama a su mujer, piensa en el bien de ella, en qué cosas puede hacer para aliviar su trabajo y hacerla más feliz. En la felicidad de ella está también la felicidad de él. Y viceversa.

La mujer debe ser la reina y la gloria del hogar. ¡Qué alegría proporcionará un ramo de flores de vez en cuando, o un pequeño regalito, por humilde que sea! Cuando hay un espíritu altruista, el espíritu que nace del amor que Dios derrama en el corazón, hay una profunda satisfacción y gozo interior. Recordemos nuevamente las palabras del Apóstol Pablo:

El nos ha dado el Espíritu Santo para que llene nuestros corazones de su amor. (Romanos 5:5)

Muéstrale que la amas, cuídala, susténtala y llénala de favores. Pero comienza en el noviazgo que es el preludio del matrimonio. Es en esa relación de amor donde se revela el amor de Dios que ha sido derramado en nuestros corazones.

El esposo debe ser el proveedor de la familia. Dentro del plan divino el hombre debe ser el proveedor. Esto también se reconoce en el plano humano y secular.

A Adán Dios le dijo: Por cuanto le hiciste caso a tu mujer y comiste del fruto que yo te prohibí, he puesto maldición sobre la tierra. Toda tu vida tendrás que luchar para obtener de ella sustento. Te producirá espinas y cardos y comerás plantas del campo. Con el sudor de tu

*rostro la cultivarás hasta el día de tu muerte,
cuando volverás a la tierra de donde fuiste
sacado. Porque polvo eres, y al polvo volverás.*
(Génesis 3:17-19)

El hombre debe "sudar con su frente". En líneas
generales es él quien ha de preocuparse por el
bienestar físico de la familia, la alimentación, el
vestido y la casa. Por supuesto que hay excepciones
a la regla. En nuestra sociedad muchas veces marido
y mujer tienen que salir a trabajar para poder sostener
a la familia. Esto no siempre es lo ideal. Otras veces
la mujer trabaja afuera simplemente por ambición
desmedida o por comodidad. Tiene que haber equilibrio. Los esposos deben conversar y ponerse de
acuerdo en esta cuestión. No obstante, generalmente
es él el responsable y proveedor de los suyos.
    El marido debe ser el protector de la familia.
En una de las cartas del apóstol Pablo leemos:

*Ustedes son testigos, y Dios también, de que
siempre fuimos puros, justos e irreprensibles
con ustedes. Como un padre a sus hijos, les
rogábamos, los animábamos . . .* (1a. Tesalonicenses 2:10-11)

¡Cuántas veces nosotros, los hombres, delegamos
en la mujer esta tarea de protección! Hacemos mal.
El esposo debe ser el protector de la esposa y de los
hijos. Es una función vital dentro del hogar.
    El hombre debe ser la cabeza del hogar. El
matrimonio conlleva bellos privilegios, pero también

compromisos irrenunciables. Cuando se casa, el hombre se convierte en cabeza de ese hogar. No debe esperarse que la esposa esté a cargo de todas las obligaciones. Ser "cabeza" significa que el hombre debe ser el responsable de la enseñanza espiritual, de tomar las grandes decisiones en la familia, de impartir disciplina y también alegría.

Dios sabe que una familia funciona mejor cuando hay un líder. Por ello puso sobre el hombre esa responsabilidad, pero para que sea llevada a cabo en amor. Hay veces en que mi esposa toma mejores decisiones que yo, racionalmente hablando. Sin embargo ella descansa en mí para las decisiones finales en nuestro hogar. Pero yo a mi vez descanso en su palabra de consejo. Nos complementamos el uno al otro. Una buena cabeza del hogar reconoce la importancia del rol de la esposa.

* * *

LA ESPOSA EN EL ORDEN DIVINO

Honren a Cristo sometiéndose unos a otros. Las mujeres sométanse a sus esposos al igual que se someten al Señor, porque el esposo es cabeza de la esposa, de la misma manera que Cristo es cabeza de ese cuerpo suyo que es la iglesia (¡para salvarla y cuidarla dio la vida!). Así que las esposas deben obedecer en todo a sus esposos, así como la iglesia obedece a Cristo. (Efesios 5:21-24)

Hay ciertas funciones privativas de la esposa. **Ella es la persona amada,** por ende debe aceptar con alegría el cariño y las expresiones de afecto de su esposo. Así como son necesarios dos polos para que se genere electricidad, el matrimonio también requiere dos polos; uno solo no basta —aunque sea el positivo. Cuando una mujer se siente amada desea brindarse por entero a su esposo y a su familia.

La esposa debe ser compañera de su marido. Desde el comienzo del noviazgo ella debiera interesarse en lo que le agrada a su novio. Debe prepararse para ser una compañera fiel, comprensiva, con quien se pueda compartir todo y en quien se pueda confiar de manera total.

Ella es quien "hace" el hogar. Cuando un hombre pierde a su esposa, pareciera que la casa hubiera muerto. Una casa sin la mujer no es un hogar. La esposa es responsable de que el ambiente familiar sea positivo, cálido y feliz. Ella es el "alma" de la casa, y tiene que velar por ello.

La esposa será la madre de los hijos. Quizás te parezca una afirmación pueril pero no obstante quiero enfatizarlo, sobre todo en este tiempo en que tanto se aboga por la liberación de la mujer. Ella, como madre, tiene que alimentar, cuidar, guiar, entrenar y moldear a la criatura, y tiene que hacerlo con alegría. Cuando entienda que ésa es su función, no habrá rebeldía sino gozo en el corazón. Una madre cristiana fiel e inteligente puede transformar al mundo a través de la vida de su hijo a quien diariamente guía con tanto amor.

SIMBOLO DE CRISTO
Y SU IGLESIA

(El que el esposo y la esposa son un cuerpo lo afirman las Escrituras: "El hombre dejará a su padre y a su madre y se unirá a la mujer con quien se casa, para poder ser una sola carne.") Sé que esto es difícil de entender; pero ilustra la manera en que somos partes del cuerpo de Cristo. Así que, repito, el esposo debe amar a su esposa como parte de sí mismo; y la esposa debe tratar de respetar a su esposo, obedeciéndolo, alabándolo y honrándolo. (Efesios 5:31-33)

El noviazgo y el matrimonio son símbolos de Cristo y su iglesia, quienes revelan el ideal de amor entre un hombre y una mujer. Esto hace que noviazgo y matrimonio se eleven a un nivel supremo. El joven debe estar consciente de que él, como novio o como esposo, a los ojos de Dios es símbolo de Cristo. ¿Qué te parece la idea, seas soltero o casado? ¡Qué responsabilidad tan grande es pensar que somos símbolo de nuestro Señor Jesucristo en la relación con nuestra novia o esposa! Demostramos el amor de Cristo en la forma en que la tratamos y buscamos su bien.

Amable lector, yo espero que tu corazón esté lleno del amor del Señor. Pero si aún no has recibido a Cristo en tu vida, recíbelo ahora mismo. Al hacerlo, Dios enviará al Espíritu Santo a tu ser, y empezarás a amar con pureza, de una manera asombrosa; y comenzarás a caminar por el camino hacia un matrimonio feliz . . . para la gloria de Dios.

Sexualmente fiel y puro 11

Hay tres ingredientes esenciales para todo noviazgo y matrimonio de acuerdo al plan de Dios: amor, confianza y fidelidad.

* * *

LA FIDELIDAD EN LA PAREJA

Hace tiempo una jovencita habló con una amiga de mi esposa y le confesó:

—Yo no quiero casarme porque no podría confiar en mi marido. Me gustaría tener un hijo; un hijo a quien amar y cuidar, pero sin el compromiso del matrimonio.

Yo mismo he conversado con muchísimos muchachos y chicas que me han dicho palabras similares porque se sentían inseguros de la fidelidad de sus novios. ¡Qué triste! Triste pero real en nuestro mundo de hoy. Hay una gran cantidad de jóvenes y mayores que son de total falta de confianza porque son **infieles de corazón.**

Hay quienes aseguran ser cristianos y son infieles, ya que han sido criados en un ambiente de infidelidad e inmoralidad. Estos jóvenes creen (y lo creen sinceramente) que tienen el "derecho" de ser infieles en el noviazgo y en el matrimonio. En la Palabra de Dios encontramos directivas muy precisas:

Esta es la voluntad de Dios: que sean santos y puros. Eviten por todos los medios los pecados sexuales; los cristianos deben casarse en santidad y honor, y no en pasión sensual, como lo hacen los paganos en su ignorancia de las cosas de Dios. Y ésta es también la voluntad de Dios: que nadie cometa la desvergüenza de tomar la esposa de otro hombre porque, como ya solemnemente se lo había dicho, el Señor castiga con rigor este pecado. Dios no nos ha llamado a vivir en impureza sino en santidad. El que se niegue a observar estas reglas no desobedece las leyes humanas, sino las leyes de Dios, quien es el que da al Espíritu Santo. (1a. Tesalonicenses 4:4-8)

La fidelidad para con el otro es uno de los puntales de un hogar feliz. En el plan soberano de Dios, un hombre (uno solo) y una mujer (una sola) se unen en matrimonio hasta que la muerte los separe. El Señor Jesús advirtió: *"Ningún hombre debe separar lo que Dios juntó"* (Mateo 19:6) .

* * *

COMO VENCER LA TENTACION

Vivimos en un mundo lleno de tentaciones, así que es justo preguntarnos cómo podemos ser felices para toda la vida. Es allí donde interviene el poder de Cristo. Esa es la clave.

Todo lo puedo en Cristo que me fortalece. (Filipenses 4:13, RV 1977)

Pero ¿cómo puede Cristo darme fortaleza si yo estoy en la tierra y El en el cielo? Sucede que *"Cristo vive en mí"* (Gálatas 2:20 RV 1977). Por lo tanto, si "todo lo puedo en Cristo" y "Cristo vive en mí", yo tengo poder y tú tienes poder para ser fiel. Fiel sexualmente, fiel con el pensamiento y cuanto más fiel es uno a la otra persona, más feliz es. Recordemos las palabras del Señor Jesús: *"Dichosos los de limpio corazón, porque verán a Dios"* (Mateo 5:8).

Por otra parte, podemos pecar sin llegar al hecho en sí. El Señor nos advierte que es posible cometer inmoralidad sexual con la codicia del corazón. ¿Acaso alguno de nosotros no ha sentido alguna vez la tentación de codiciar? De eso también debemos protegernos.

La ley de Moisés dice: "No cometerás adulterio." Pero yo digo: Cualquiera que mira a una mujer y la codicia, comete adulterio con ella en el corazón. Así que si uno de tus ojos te hace codiciar, sácatelo. Mejor es que te lo saques a que seas arrojado de cuerpo entero al infierno. (Mateo 5:27-29)

¿Qué significa eso de sacarnos un ojo si nos es ocasión de tentación? Significa que debemos tomar drásticas medidas precautorias. El primer paso es reconocer nuestra debilidad y no pretender ser fuertes. Debemos ir a Dios de rodillas y decirle:

—Señor, yo soy débil y Satanás es fuerte. Pero me rindo a ti y voy a permitir que me dirijas y controles mi vida porque no quiero ceder a la tentación.

Cuando en nuestra vida hubo momentos en que evitamos pensamientos impuros, codicias tontas y otras tentaciones, ¿no han sido esos momentos dichosos? Cuando hay fidelidad no hay nubes negras entre novios y esposos, y nosotros hemos sido creados para ser fieles.

* * *

LA INMORALIDAD

Si alguien es sexualmente infiel de manera constante y se llama a sí mismo "cristiano", su cristianismo hace dudar. El Señor Jesús afirmó que los cristianos serían conocidos por sus "frutos" (Mateo 7:16). Además hay una condenación bíblica muy precisa:

Dios castigará a los inmorales y a los que cometen adulterio. (Hebreos 13:4)

La inmoralidad no es algo superficial que fácilmente podemos pasar por alto. Tampoco podemos hacernos eco de aquella canción: "Un tropezón cualquiera da en la vida." Ese mal llamado tropezón va a costar años de infelicidad, noches de desvelo y una conciencia sin paz. Si bien es cierto que cuando hay un corazón quebrantado Dios perdona, las consecuencias siempre se pagan.

Es triste cuando un joven llega al matrimonio luego de haber sido infiel. Esa infidelidad traerá consigo un lastre difícil de hacer a un lado. Dios dijo:

No se engañen ustedes; nadie puede desobedecer a Dios y quedar impune. El hombre siempre recogerá lo que siembre. Si siembra para satisfacer los apetitos de su naturaleza humana, estará plantando la semilla del mal y sin duda recogerá como fruto corrupción y muerte. Pero si planta lo que agrada al Espíritu, cosechará la vida eterna que el Espíritu Santo le da. (Gálatas 6:7-8)

FIEL AHORA Y SIEMPRE

Mientras esperas que llegue esa persona de tus sueños que Dios te ha preparado, toma la decisión de que, con el poder de Cristo, siempre le serás fiel. Al hacer esta resolución sentirás alegría interior, libertad, coraje, nuevas fuerzas y la certeza de ser la persona que Dios quiere que seas.

La pureza de tus miradas, de tus actitudes y de tus palabras, serán prueba suficiente de tu amor. Tenlo en cuenta.

* * *

¿FUERA DE MODA?

Hay ciertas restricciones que son imprescindibles para que el noviazgo conduzca a un matrimonio feliz. Dichas limitaciones son mayormente de orden sexual. Leímos en Gálatas 6:7 que nadie que desobedezca a Dios quedará impune sino que recogerá lo mismo que sembró. Son palabras fuertes pero a la vez medicina saludable. Vivimos en un mundo corrompido, lleno de tristeza, amargura, desavenencia y toda clase de males. La Biblia diagnostica que la enfermedad es el pecado, un cáncer espiritual que nos ha infectado a todos. Por ello ese cáncer debe ser tenido en cuenta durante el noviazgo.

Hay jóvenes que se fastidian y algunos se enojan mucho cuando sus padres, por protección y amor, les imponen ciertas restricciones en el noviazgo.

Cuando dichos límites son normales y razonables, sin duda son para nuestro bien. Querido joven, por propia experiencia te digo que hay limitaciones dictadas por Dios, la lógica y la honradez, y conviene que nos atengamos a ellas.

Un joven que conocí le dijo a su padre:

—Pero papá, ¿es que no me tienes confianza?

—Hijo —contestó el padre—, te tengo tanta confianza como a mí mismo. ¿Cómo quieres que te deje correr el riesgo de caer en una tentación, sabiendo que si yo estuviera en tu lugar correría el mismo riesgo?

Ese era el amor de un padre honrado que conocía la debilidad del ser humano y levantaba barreras para frenar pasiones, tal como Dios lo deseaba.

* * *

¿CUALES SON LOS LIMITES?

Joven amigo, si quieres ser sabio en la elección de quien compartirá tu vida en matrimonio, mi consejo es que te abstengas de la impureza sexual. Hay caricias y manoseos que hacen imposible una decisión inteligente con respecto a tu pareja. Han de surgir dudas, temores y recriminaciones en el corazón del joven cristiano que permite liviandades en el terreno sexual. El muchacho y la chica que viven vidas agradables a Dios, oirán la voz en su corazón y su conciencia cuando cierto proceder no es correcto: "Esto no está bien; no es la voluntad de Dios."

Hay quienes tachan de anticuado el estándar divino

en cuanto a pureza sexual antes del matrimonio. Pero sin embargo, Dios en su amor ha establecido límites para nuestra protección. Cuando el Señor nos impone restricciones, lo hace para nuestro bien. Cuando Dios dice: "No hagas esto o aquéllo", lo dice por amor, porque "Dios es amor."

¿Cuáles son las consecuencias de salirse de los límites sexuales? Preguntemos al rey David. En el Salmo 38, él describe los efectos de su propio pecado —posiblemente el adulterio con Betsabé. David experimentó la agonía de la disciplina espiritual (vv. 1-2), el tormento físico (vv. 3-10), el aislamiento social (vv. 11-16) y la ansiedad emocional (vv.17-22). ¡Qué precio tan alto por un momento de pasión descontrolada!

La medida divina de la pureza en las relaciones interpersonales, lejos está de ser anticuada, aun cuando vaya contra la corriente de pensamiento de nuestro mundo "civilizado". Dios exhorta:

Por eso les digo que huyan de los pecados sexuales. Ningún otro tipo de pecado afecta al cuerpo como éste. Cuando uno comete este pecado, peca contra su propio cuerpo. ¿No saben que el cuerpo del cristiano es templo del Espíritu Santo que Dios le dio, y que el Espíritu Santo lo habita? El cuerpo no es nuestro, porque Dios nos compró a gran precio. Dediquemos íntegramente el cuerpo y el espíritu a glorificar a Dios, porque a El pertenecen.
(1a. Corintios 6:18-20)

No permitas libertades en tu noviazgo, libertades de las que más tarde te arrepentirás. El Dios de amor te dice *"Consérvate puro"* (1a. Timoteo 5:22, RV 1977). Puro de pensamiento y de conducta. Eso te hará feliz.

Recordemos una vez más las palabras del Señor Jesús en el Sermón del Monte:

¡Dichosos los de limpio corazón, porque verán a Dios!

Desarrolla convicciones bíblicas en tus relaciones con personas del otro sexo. Sólo entonces podrás disfrutar de la satisfacción que proviene de una relación centrada en Cristo, y mantenida dentro de sus sabios límites de amor.

Un llamado actual

12

Durante largos años mi oración al Señor ha sido:

—Dios mío, ayúdame. Ayúdame para que por medio de los programas radiales, de la televisión, los libros y las cruzadas, pueda advertir a la juventud. Ayúdame a hablarles con tu poder, y hacerles ver que es posible tener un noviazgo feliz si siguen tus pisadas.

En la Biblia encontramos consejos muy prácticos para seguir las pisadas que nos han de llevar al destino dichoso esperado.

* * *

GUARDA TU CORAZON

Dice el sabio Salomón:

Por encima de todo, guarda tu corazón, porque de él mana la vida. Proverbios 4:23, RV1977).

Podrá haber circunstancias difíciles, pobreza,
dolor, y sin embargo el corazón puede permanecer
"guardado". No importa cuánto ruja la tormenta a
nuestro alrededor, habrá paz celestial en medio del
dolor y la angustia.

Quizás argumentes que necesitas muchos consejos. Pues bien, el libro de Proverbios es un excelente
comienzo. Hay un pasaje que debiera estar subrayado
en tu Biblia:

*Confía plenamente en el Señor; nunca confíes
en ti mismo. En todo lo que hagas, pon a Dios
en primer lugar, y El te guiará y coronará de
éxito tus esfuerzos. No seas vanidoso, seguro
de tu propia sabiduría. Por el contrario, confía en el Señor y reveréncialo, y apártate del
mal; si así lo haces, se te renovarán la salud
y la vitalidad.* (Proverbios 3:5-8)

"En **todo** lo que hagas, pon a Dios en primer
lugar", dice Salomón, y ese "todo" incluye también el camino del amor, el matrimonio y el hogar.
Este debiera ser uno de los pasajes guías de tu vida.
Confía plenamente en el Señor, y por encima de todo,
guarda tu corazón, ya que de él fluye la vida.

Mi sincero deseo es que vivas una vida feliz. Es
también el deseo de Dios y el propósito por el cual
se ha escrito este libro. Es mi oración a Dios que
por tu fe en Jesucristo y por medio de la Biblia,
descubras el secreto de la felicidad. Ese secreto comienza en el corazón.

Si confías en Dios plenamente y no te apoyas en tu propia sabiduría, Dios va a cuidarte y guiarte. El se encargará de poner en tu camino a esa persona tan esperada. Y el Señor también traerá bendición, riquezas espirituales y fruto en abundancia. El puede hacer un gran milagro en tu vida . . . Dios es Dios

* * *

"DAME TU CORAZON"

Dame hijo mío tu corazón, y miren tus ojos por mis caminos. Proverbios 23:26, RV 1977)

Este es el llamado de Dios a la juventud. Los jóvenes que toman la decisión de responder afirmativamente a este llamado, dando su corazón y su vida al Señor, serán jóvenes felices. Aunque haya debilidades y tropiezos, luchas y fracasos, *"siete veces cae el justo, y vuelve a levantarse."* Proverbios 24:16 RV 1977)

Yo entregué mi vida al Señor Jesús cuando era un adolescente, y todo lo que soy y lo que tengo se lo debo a El. Sin Dios yo soy nada y valgo nada. Y así todo aquel que quiere comenzar la vida de noviazgo y triunfar en el matrimonio, primeramente tiene que darle su corazón a Dios.

Cuando un muchacho y una chica quieren formar un hogar cristiano feliz, tienen que mirar a Dios y meditar en su amor. Si no amamos a Dios, nunca podremos llegar a amar en plenitud. ¿Por qué? El apóstol Juan responde, diciendo:

Eso sí es amor verdadero. No es que nosotros hayamos amado a Dios, sino que El nos amó tanto que estuvo dispuesto a enviar a su único Hijo como sacrificio expiatorio por nuestros pecados. (1a. Juan 4:10)

El amor ha sido revelado por el amor de Dios. El ser humano sería incapaz de comprender el amor verdadero si no fuera que Dios, su Creador, lo amó primero. Ese amor fue mostrado en el sacrificio del Señor Jesús en la cruz del Calvario. Es por ello que la característica sobresaliente del amor es el **sacrificio.**

Mas Dios nos demostró la inmensidad de su amor enviando a Cristo a morir por nosotros, aun cuando éramos pecadores. (Romanos 5:8)

El amor divino fue revelado en la muerte del Señor Jesús. La Biblia nos dice que:

. . . de tal manera amó Dios al mundo, que ha dado a su único Hijo para que todo aquel que en El cree no se pierda, mas tenga vida eterna. (Juan 3:16)

Tú y yo estábamos en rebeldía contra el Creador, pero El dijo:

—A pesar de que son rebeldes, los amo. Me voy a hacer hombre, voy a morir por ellos; ofreceré mi propia vida para que ellos puedan tener vida. Resucitaré de los muertos para triunfar sobre el pecado y la muerte, y entonces les podré ofrecer perdón y vida eterna.

Eso sí es verdadero amor. Así que en el matrimonio Cristo siempre debe ocupar el centro. El debe ser el ejemplo; la cruz, el tema continuo; y la resurrección, el poder de nuestras vidas.

Hace tiempo, estando en la ciudad de México, me llamó por teléfono un ingeniero y concertamos una entrevista. Este hombre había escuchado nuestro programa radial sobre el tema de este libro; se había dado cuenta del profundo vacío de su alma, y decidió hacer algo. Nos encontramos, conversamos largamente, y finalmente lo insté a leer la Biblia y a aceptar la salvación que Dios le ofrecía en Jesucristo. Así lo hizo. Hoy este hombre, un hombre importante, de buena posición, reconocido en su ciudad, es un hombre totalmente nuevo. El y su esposa tienen una nueva relación de amor. El gozo que tienen es contagioso. La forma en que comparte su fe con los demás, realmente entusiasma. Y esta misma experiencia se ha repetido millares de veces, en cientos de ciudades y pequeños pueblos, con gente de todas las edades y de todos los niveles. Y también puede ser tu experiencia personal si entregas tu vida al Señor Jesús.

Joven lector que te preguntas **"¿Con quién me casaré?"**, conociendo personalmente al Señor Jesús habrás echado las bases para un futuro feliz. ¿Tienes ya ese fundamento? ¿Has puesto tu fe y confianza en el Hijo de Dios? Si aún no lo has hecho, hazlo ahora mismo.

Es en el hogar más que en cualquier otro sitio donde el ser humano revela la realidad de su cristianismo. En el hogar se nota la presencia o ausencia de Cristo. ¿Qué revelará tu hogar y tu familia? ¿Qué ejemplo darás a tus hijos, que un día también querrán casarse y alcanzar la felicidad matrimonial? Revela a Cristo en tu vida. Que los demás vean a Cristo viviendo en ti. **Esa es la clave del hogar feliz.**

EPILOGO

Mi propia experiencia

Estábamos en pleno año académico en el instituto bíblico. Un día teníamos una pequeña fiesta en casa de uno de los muchachos. Iba caminando hacia allá cuando me di cuenta de que algunas chicas iban en la misma dirección. "¿Van a la fiesta?", pregunté. Me contestaron que sí, y por una de esas razones desconocidas me acerqué a una de ellas, diciendo: "¿Puedo caminar contigo?" Me dijo que sí.

No fue nada del otro mundo. Ni siquiera estuvimos juntos en esa reunión social, pero comencé a interesarme en esa joven. Patricia era alegre y conversadora. Parecía madura e inteligente. Vestía bien, y hablando con ella descubrí que amaba mucho al Señor. Realmente no sé cuál fue la primera impresión que causé en Patricia —nunca me lo quiso decir— pero comencé a buscarla en nuestras clases en el instituto bíblico.

En realidad, la ventana de mi dormitorio miraba hacia un sendero que conducía a la cafetería, de manera que todas las mañanas sin excepción esperaba hasta verla aparecer. Era entonces que "por casualidad" justo en ese momento yo salía y me dirigía también a la cafetería.

Nunca me había gustado estudiar en la biblioteca porque la gente me distraía, pero cuando me enteré de que ella por lo general hacía sus tareas allá, yo también empecé a ser un asiduo concurrente. Con un ojo miraba mi libro, y con el otro ojo a ella. Yo no sabía qué me estaba pasando, o mejor dicho no quería darme cuenta. Patricia por fin cayó en la cuenta de que yo estaba interesado en ella, y comenzamos a pasar tiempo juntos. Al principio no había nada serio entre nosotros, pero yo deseaba que sí lo hubiera. Rápidamente nuestra amistad comenzó a transformarse en algo más que eso porque nuestro interés mutuo crecía cada día.

Yo tenía 26 años y Patricia 23, de manera que ambos sabíamos qué deseábamos para nuestra vida. Pero era preciso conocernos más y mejor.

* * *

Ahora que miro hacia atrás, me doy cuenta de que en el proceso de toda relación hay ciertas palabras claves que corresponden a cada etapa. Y así sucedió en mi caso. Hubo dos palabras cuyo profundo significado tuve que aprender y poner en práctica desde el comienzo: CORTESIA Y COMUNICACION.

CORTESIA. La cortesía es una señal del verdadero amor que proviene de Dios. En 1a. Corintios 13:5 el apóstol Pablo dice que el amor no es egoísta ni grosero. Todo lo contrario. El que ama da a la otra persona sin esperar recibir. Alguien ha dicho que los buenos hábitos constan de pequeños sacrificios. El hábito de la cortesía consiste de pequeños y hasta insignificantes sacrificios que muestran interés en la otra persona. Descubre qué es lo que le gusta a tu amiga. ¿Flores? Dale la sorpresa de un ramito de sus preferidas. Muéstrale consideración y respeto cuando pasen tiempo juntos, conociéndose.

COMUNICACION. Colosenses 4:6 dice que nuestro hablar debe ser lleno de gracia. En una buena amistad, nada es mejor que conversaciones positivas y edificantes. Aún recuerdo las muchas charlas que tuvimos con Patricia aquel tiempo en que estábamos de novios.

A menudo las relaciones entre un muchacho y una chica se concentran en la demostración de afecto físico. Pero tal como escribió Salomón, hay tiempo de abrazar y tiempo de no abrazar (Eclesiastés 3:5). El punto de atención debiera ser aprender más acerca de los intereses del otro, la familia, los amigos, los sueños, algunas de las prioridades y el caminar con el Señor. Haz muchas preguntas —y escucha. Las mejores conversaciones son aquellas que inicias con preguntas.

* * *

En el instituto bíblico se acercaba el tiempo de las vacaciones de invierno, y por un lado estaba ansioso de que llegaran. Visitaría a amigos, pero sobre todo tendría un descanso de los estudios. No obstante, en lo profundo de mi corazón no quería esas vacaciones. Cada vez estaba más interesado en Patricia, y cuando me enteré de que ella haría un viaje durante esos días, me preocupé pensando que pudiera llamar a algún viejo novio y lo volviera a ver.

De manera que le dije a Patricia lo que sentía con respecto a ella. No fue un momento dramático ni demasiado romántico. Fue simplemente mi estilo directo y sin rodeos. Le dije quería que supiera lo especial que ella era para mí, que me importaba mucho, y que esperaba que pudiéramos pasar más tiempo juntos luego de las vacaciones de modo de conocernos más y mejor.

Realmente la extrañé muchísimo. Luego de las vacaciones volvimos a los estudios, aunque debo admitir que mis calificaciones no fueron tan buenas. Patricia tuvo parte de la culpa ya que pasaba con ella tanto tiempo como me era posible.

* * *

Dos palabras caracterizaron nuestra relación durante ese período. CONOCIMIENTO y CONSAGRACION.

CONOCIMIENTO. Al tiempo que Patricia y yo conversábamos y pasábamos tiempo juntos, me convertí en un experto en ella. Comencé a descubrir no sólo lo que ella pensaba, sino además por qué lo pensaba. Es verdad que sólo se puede amar a alguien hasta el punto en que uno conoce a ese alguien. El amor a primera vista puede sonar romántico, pero una verdadera relación de amor rara vez está basada en las primeras impresiones. Debemos tener cuidado de no desarrollar una imagen idealista de la otra persona basándonos en esas impresiones, ya que tarde o temprano nos decepcionaremos. Ser honesto y abierto desde el principio es vital. Crece en amor mientras profundizas tu entendimiento y apreciación de la otra persona.

CONSAGRACION. La personalidad de Patricia, su inteligencia y su aspecto atractivo, me llamaron la atención cuando la vi por primera vez, sin ninguna duda. Pero a medida que nos fuimos conociendo más el uno al otro, descubrí su amor por el Señor Jesús, y eso fue decisivo. Patricia era una joven que había consagrado su vida al Señor, y eso se transparentaba en todo momento.

* * *

Quizás en forma inconsciente en mi mente me iba haciendo las doce preguntas que mencioné anteriormente. Y para mi sorpresa un día me levanté con la certeza de que estaba enamorado de Patricia y deseaba pasar el resto de mi vida sirviendo al Señor con ella. Hablé con sus padres, y confieso que a pesar de lo mucho que los quiero esa primera vez sentí un gran dolor de estómago por los nervios que tenía. Ellos se alegraron; nos aconsejaron, y no pasó mucho tiempo antes de que nos comprometiéramos.

¿Me preguntas si fue un momento romántico cuando le pedí a Patricia que se casara conmigo? No lo sé. Yo traté de que sí lo fuera, pero en lugar de preguntarle si se quería casar conmigo, le pregunté si quería volver a la Argentina conmigo. Ella comprendió lo que yo quería decir y todo lo que esa pregunta implicaba. Cuando me dijo que sí, que regresaría conmigo a la Argentina, yo también comprendí lo que su respuesta quería decir.

Nos casamos unos meses después, y cada día le doy gracias al Señor por el regalo más grande que me ha dado luego de la salvación: mi amada esposa.

APENDICE

¿Y qué
si no me caso?

Dios siempre nos da las cosas en abundancia para que las disfrutemos (1 Timoteo 6:17), y la vida de soltero no es una excepción. Los solteros debieran considerar su estado como una oportunidad única otorgada por el Señor, y como tal debiera ser disfrutada.

A pesar de que la soltería es un don, no tiene por qué ser para toda la vida. Pero mientras eres soltero tienes que apreciar y gozar de tu vida como un regalo de tu amante Padre celestial.

Lo peor que puede ocurrirle a un joven soltero es que viva día tras día esperando llegar al matrimonio, buscando apasionadamente y diciéndose: "Mi vida comenzará realmente cuando me case." Entretanto, dicho joven puede llegar a perder diez preciosos años esperando que comience la "verdadera vida." Sin embargo, la correcta actitud para con la soltería es decirse: "Mi vida está aquí y ahora por cierto, y quiero vivir tan plenamente como me sea posible." En otras palabras, un joven soltero es una persona acabada y completa. El casamiento no es lo que completa a una persona. Sólo Jesucristo puede hacernos seres completos y plenos.

* * *

¿LLAMADO A SER SOLTERO?

Puedes o no tener el llamado a la vida de soltero. Ambas son posibilidades válidas. Lo que no es válido es tratar de llegar a la meta (el matrimonio) a través de medios carnales o que no están de acuerdo a los deseos de Dios. Es totalmente normal que un joven soltero diga tener deseos de casarse. Eso es ser honesto. Dios comprende nuestros deseos. Por otra parte, otro joven soltero puede estar perfectamente contento con su soltería y no tener intenciones de casarse. Ambas son actitudes valederas.

La palabra **soltero** significa **solo**. En base a esa definición, solteros son no sólo aquellos que nunca se han casado, sino también aquellos que se han convertido en tales a través de divorcio o por la muerte del cónyuge. Están quienes han elegido la vida de solteros, y aquellos que no la han elegido de por sí. Pero Dios puede obrar en uno y otro caso porque Dios es Dios.

Cuando una persona soltera toma la situación en sus propias manos y justifica sus acciones, diciendo: "Dios no puede querer que yo me quede soltero," y comienza a buscar un compañero, entramos

en terreno peligroso. Tal reacción no glorifica el
nombre del Señor.

* * *

DIOS ES BUENO Y JUSTO

Cada desventaja tiene una ventaja similar o
superior. Es una tontería pensar que la vida consiste
justamente en aquello que nos falta, el compañero.
Cuando Dios no nos da algo, nos dará otra cosa —y
otra cosa mejor. Muy a menudo nuestras propias limitaciones hacen que olvidemos las muchas otras
bendiciones que el Señor derrama en nuestras vidas.

"Y ahora, gloria sea a Dios," declaró el apóstol
Pablo, *"quien por el formidable poder que actúa en
nosotros puede bendecirnos infinitamente más allá
de nuestras más sentidas oraciones, deseos, pensamientos y esperanzas"* (Efesios 3:20).

Los cristianos que han puesto en orden sus
prioridades —el reino de Dios y su justicia en primer
lugar— hallarán que esta tremenda promesa es una
realidad: *"Yo abriré las ventanas de los cielos sobre
ustedes y derramaré una bendición tan grande que
no tendrán lugar para recibirla"* (Malaquías 3:10).

Si Dios no te ha dado un compañero en la vida,
quizás aún no sea el tiempo. Salomón afirmó que
el Señor todo lo hizo hermoso en su tiempo (Eclesiastés 3:11). O tal vez el Señor tenga planeado algo mejor. El Señor merece que confíes en El. Conocemos
muy bien y sin duda hasta hemos citado las palabras
de Pablo de que *"todo cuanto nos sucede ha de ser*

para el bien nuestro'' (Romanos 8:28). No obstante
tenemos la tendencia a olvidar esa verdad al tiempo que tratamos de encontrar textos bíblicos más
''originales'' y no tan consabidos. Sin embargo con
todo nuestro corazón debemos creer en la teología
de este versículo, ya que es un elemento crucial para
la vida cristiana victoriosa.

* * *

LA VEREDA DE ENFRENTE SIEMPRE ES MEJOR

Los seres humanos protestamos bastante acerca de
la ''suerte'' que nos ha tocado en la vida. Conozco
a muchos solteros que creen que su situación es
mucho más difícil que la de todos los demás. No
obstante, si Dios llama a un joven a la vida de soltero,
ello no es más difícil que cualquiera de las otras
disciplinas que experimenta una persona. La vida de
soltero no es más difícil que la vida de casado; sen-
cillamente es distinta.

No sabemos todas las respuestas, pero debemos
confiar en la omnisciencia y sabiduría eterna de Dios.
El sí tiene las respuestas y sabe qué es lo mejor para
nosotros. A veces cuando estoy por salir en alguno
de mis largos viajes evangelísticos, pregunto:
''Señor, ¿por qué tengo que viajar tanto? ¿No hay
una manera más fácil de llevar a cabo el ministerio?''
La mamá con tres criaturas termina el día físicamente
exhausta y socialmente aislada, y piensa con envidia
en ''la vereda de enfrente'', en la vida aparentemente
más fácil de sus amigas solteras.

No malgastes tus tristezas. Toma ventaja de tu vida en este preciso momento, tal como es, y no pierdas tiempo precioso ni energía en recuerdos amargos. Si estás lleno de amargura y resentimiento, es señal de que consideras tu soltería como una maldición en vez de una bendición, y Dios no la ve de esa manera. ¿Vas a estar en desacuerdo con El? El quiere que tengas una actitud positiva. No te preocupes. No te angusties. Ora. Dile a Dios de tus necesidades y no olvides agradecerle por sus respuestas. El resultado será la paz de Dios en tu interior, una paz *tan extraordinariamente maravillosa que la mente humana no podrá jamás entenderla.* (Filipenses 4:6-7)

* * *

AUTOCOMPASION

"Pobre de mí. ¿Cuál es mi problema? ¿Qué me pasa? ¿Es que no sirvo para nada?" Muchos jóvenes solteros se autocompadecen, convencidos de que tienen la prerrogativa de hacerlo simplemente porque no tienen un compañero. Sin embargo, el único problema es que se tienen lástima.

La autocompasión no es una actitud que proviene de Dios. Si has desarrollado ese hábito en tu vida de soltero, lo llevarás a tu vida de casado. El matrimonio no será el remedio. A menudo la esposa se autocompadece porque trabaja demasiado y se la estima poco. Y por su parte el esposo se autocompadece porque se siente como una máquina de hacer dinero.

No importa cuáles sean las circunstancias actuales de tu vida. Sean cuales fueren, la autocompasión no tiene cabida. El problema de la autocompasión comienza con una mirada introspectiva en lugar de una mirada hacia las necesidades de otros. Estoy convencido de que el servicio a nuestros semejantes es la clave a la victoria cuando empezamos a sentir autocompasión. Y cuando digo servicio me refiero a descubrir cuáles son las necesidades de mis semejantes. ¿Acaso no puedes pensar en maneras de ayudar a tus vecinos, amigos, compañeros de trabajo?

De una u otra manera todos experimentamos lástima de nosotros mismos en nuestra vida. Pero dicha lástima no tiene un fundamento real. Siempre hay un argumento erróneo, incorrecto. Un hecho puede ser verídico pero no en su totalidad, o puede estar fuera de perspectiva. La autocompasión echa raíces en cierta información sobre la que agregamos presuposiciones incorrectas.

Por ejemplo, todo podría iniciarse con: "Mi esposo no me aprecia. Tengo demasiado trabajo y hago más de lo que me corresponde." Esta actitud también podría comenzar en el trabajo. "No me tratan como merezco. Es injusto. Mi situación es peor que la de otras personas." Sobre tales presuposiciones —incorrectas— se empiezan a agregar otras tales como: "Todos me tratan así." Hasta que finalmente podríamos llegar a la conclusión: "Y ni siquiera Dios me ama." Debes tomar el toro por las astas y ser honesto. Admite que como ser humano alguna vez sentirás autocompasión. ¿Cuál va a ser tu reacción? Deberás descubrir la causa y resolverla en base a ello.

Será bueno que recuerdes que seguramente no sea la primera vez que tienes lástima de ti mismo, y lo más probable es que no sea algo real. Pregúntate: "¿Cuánto tiempo duró la última vez?" Y luego di: "Sí. He sentido esto mismo en el pasado y no era verdad. Así que lo más lógico es que esta vez tampoco sea cierto." Pero si llegara a ser cierto, ¿qué? Para muchos la vida no es fácil, y debes recordarlo. Será el primer paso para triunfar sobre el problema.

El paso siguiente es considerar tu condición física. ¿Cómo estás de salud? ¿Estás llegando al límite de tus fuerzas? ¿Estás demasiado cansado? ¿Puedes tomar decisiones que te ayuden a vencer la autocompasión? ¿Pasas mucho tiempo a solas? Trata de pasar tiempo con otras personas. Visita a amigos. Llama a alguien por teléfono.

Hay personas que disfrutan ese estado de ánimo y continuarán teniéndose lástima toda la vida. Esa no es una actitud cristiana. Obviamente no es la actitud que el Señor quiere de nosotros.

Por otra parte es necesario indicar la diferencia entre autocompasión —algo que podemos remediar— y depresión genuina— una palabra demasiado usada hoy en día. La depresión es un término clínico que describe la actitud de una persona que se encuentra en un pozo tan hondo que es incapaz hasta de levantarse de la cama o funcionar normalmente. Si en verdad estás deprimido, es preciso buscar ayuda médica. Pero quienes sienten autocompasión no son en verdad víctimas de depresión ya que aún funcionan.

La autocompasión se soluciona teniendo la mira en nuestros semejantes, y especialmente mirando al

Señor Jesús y teniéndole como modelo.

*Porque aunque era Dios, no demandó ni se
aferró a los derechos que como Dios tenía, sino
que, despojándose de su gran poder y gloria,
tomó forma de esclavo al nacer como hombre.
Y en su humillación llegó al extremo de morir
como mueren los criminales: en la cruz. Por
eso Dios lo exaltó hasta lo sumo y le dio el nombre que está por encima de cualquier nombre.*
(Filipenses 2:6-9)

Se nos recuerda que Cristo sufrió por nosotros y
nos dejó un ejemplo para que sigamos sus pisadas
(1 Pedro 2:21). Estoy convencido de que estos pasajes pueden cambiar nuestra actitud en forma in-
mediata de manera que podamos imitar lo que dice
la Escritura y disfrutemos lo que Dios nos ha con-
cedido en la vida.

* * *

PRESIONES SOCIALES

A veces la familia causa grandes presiones a los
solteros cuando pregunta: "¿Cuándo vamos a tener
nietos? ¿Cuándo me vas a hacer abuela? Me encan-
taría ser abuelo." Es normal que ellos digan lo que
dicen, así como también es normal que contestes:
"Yo también quiero esposa/o e hijos. Pero por otra
parte no quiero nada que Dios mismo no traiga a mi
vida."

Lamentablemente nuestra sociedad abunda en frases desagradables tales como "solterón", "solterona", "vieja solterona" (aunque no sea vieja). La soltería es más frecuente en las mujeres que en los hombres, pero tales términos están por debajo de nuestra dignidad humana, y bajo ningún concepto debieran utilizarse. En realidad toda la cuestión de "No entiendo cómo aún no se casó" está totalmente fuera de perspectiva. Esa mentalidad es por cierto resultado de la caída del hombre. Una persona puede ser soltera por elección o bien porque no elegimos nuestros propios destinos. Vivimos en las manos de Dios, dependiendo de El, y por lo tanto debemos concientizar al pueblo cristiano de que no sabemos todos los porqués.

En el Nuevo Testamento hallamos varios ejemplos de personas solteras, quienes por el bien de la vocación cristiana fueron elegidos por Dios para permanecer célibes y para un ministerio más efectivo.

* * *

SOLTERIA VS. CELIBATO

Esta es la primera generación en la cual un gran número de mujeres, tanto en el medio cristiano como en el secular, dicen que no quieren casarse. Pero hay que hacer una advertencia. Unos años atrás mi esposa Patricia leyó un artículo que trataba sobre la soltería como una situación normal. Patricia estuvo de acuerdo con todo el escrito hasta que tropezó con una afirmación que echó por tierra el resto del artículo. Decía que uno de los hechos más cruciales en la liberación de la mujer es que ella hoy no tiene motivo real para casarse ya que es libre para tener absolutamente todo en su vida, incluyendo relaciones sexuales. Es obvio que la Biblia no comparte esta idea.

Si dices que hoy es más fácil ser soltero, ten cuidado. Desde el punto de vista secular, "más fácil" significa que se da el visto bueno para todo tipo de proceder, para una vida libertina, y no debe suceder así con los cristianos. Nuestra generación debe recordar vez tras vez que soltería debe ser sinónimo de celibato y de pureza sexual.

Es necesario vencer sobre la presión de tener actividad sexual en la vida de soltero. Pero esta presión no es más difícil de lo que decidas hacerla. Sin embargo cada tentación debe ser llevada a los pies de la cruz y dejada en las manos del Señor Jesús. Todos los solteros tienen tentaciones que entregar al Señor constantemente. Tales tentaciones deben ser confesadas vez tras vez al Señor con toda honestidad.

El Rev. John Stott —un gran siervo de Dios y maestro de la Biblia— habla muy abiertamente acerca de la soltería y el don del celibato, y hay que recordar que él mismo es soltero. De la manera que él ha orado, te exhorto, amigo soltero, a que ores al Señor, diciendo: "Señor, en este momento soy soltero, y esta circunstancia debe traer gloria a tu nombre. No es fácil, pero puedo tener la victoria en Cristo."

La soltería puede no ser fácil, pero ninguna disciplina lo es. Y cuanto más somos usados por Dios, mayores serán las presiones que enfrentaremos. Recuerda las palabras del apóstol Pablo cuando

declaró: *"Con la ayuda de Cristo, que me da fortaleza y poder, puedo realizar cualquier cosa que
Dios me pida realizar"* (Filipenses 4:13).

Dios es un Dios soberano, aun en el tema de la
soltería. Por esa razón tanto casados como solteros
—todo el pueblo cristiano— debemos orar para que
Dios nos dé entendimiento al tratar esta cuestión en
la vida diaria.

* * *

CONSEJOS PRACTICOS

Seas soltero o casado, debes buscar el reino de
Dios y trabajar para el Señor con alegría. Si Dios
te da un compañero, será una bendición adicional.
Pero sea cual fuera la situación, debes seguir hacia
adelante. En Génesis leemos que Dios guiaba y dirigía en el camino (Génesis 24:27 RV 1977). El Señor
no dirige a quien no se mueve. Si Dios desea poner
en tu vida a "esa persona especial", El lo hará.
Sucederá en forma natural y no existirá el problema
de metas conflictivas y dispares. Todo lo contrario.
Porque las cosas habrán sucedido mientras ambos
buscaban el reino de Dios, lo continuarán haciendo, con la diferencia de que de allí en adelante lo
harán juntos.

*"Pon asimismo tu delicia en Jehová, y El te con-
cederá las peticiones de tu corazón"* (Salmo 37:4
RV 1977). Día tras día debemos presentarnos ante
el Señor para que El nos guíe. De esa manera no
tendremos por qué vivir en constante frustración ya
que el Señor nos concederá nuestros deseos.Una ín-

tima amistad con Dios hará que nuestros deseos y los deseos del Señor para nosotros sean una misma cosa. Dios quiere darnos todas las cosas **juntamente con** Jesús. Ese es el secreto (Romanos 8:32).

En muchos aspectos la soltería es sinónimo de libertad, y esa libertad debemos apreciarla y disfrutarla (1 Timoteo 6:17). Debemos hablar del Señor entre nosotros con alegría, con salmos, himnos y gratitud en nuestros corazones (Efesios 5:19-20). Ser soltero y ser feliz es un don de Dios (1 Corintios 7:7).

Al ser soltero puedes centrar tu atención en lo que deseas, sin tener que dividir tu tiempo entre cónyuge, hijos y parientes políticos. A eso se refería Pablo al decir que una mujer con hijos y marido está practicamente absorbida en ello. De modo que deja que el Señor te use en este tiempo en particular, que te use de una manera que glorifique su nombre.

El Señor quiere que tengas un gran objetivo en tu vida. ¿Lo tienes? Búscalo. Descúbrelo. Será para tu bien, tu alegría y tu satisfacción. Debemos correr la carrera, y debemos hacerlo con paciencia y dedicación, con la mirada en lo que está por delante, y esforzándonos por llegar a la meta (Filipenses 3:13-14).

Piensa en tus semejantes y dirige a ellos tu atención. Es más bienaventurado dar que recibir. Todos tenemos habilidades especiales y somos exhortados a emplearlas ayudándonos mutuamente, compartiendo con otros las muchas bendiciones de Dios (1 Pedro 4:10).

En tu corazón debes hacerte el firme propósito de

que no te convertirás en un maniático caprichoso y excéntrico. La excentricidad es simplemente algo bueno pero llevado al extremo. Evita ese comportamiento. Y ora al Señor para que te dé la gracia y el deseo de adaptarte a diversas personas y situaciones. Verás cómo cambian las cosas en tu vida.

Si te das cuenta de que has perdido control sobre tus emociones y comienzas a sentir lástima por ti mismo, no dudes en buscar ayuda y compartir con alguien tu necesidad. Trata de recordar cuándo y cómo comenzó la autocompasión, y haz lo posible por salir de ese estado.

Debes tener amigos de todas las edades, casados y solteros. Hazte amigo de los niños. Ellos nos ayudan a mantener equilibrio, y su amistad es como un aire refrescante. Conozco a una joven soltera que se hizo amiga de dos niñitas, y cada vez que se juntan disfrutan muchísimo. Esta joven lleva a pasear a las niñas, les lee historias y libros, y las tres conversan y ríen a más no poder. Creo que son una mutua bendición.

Y por último, querido amigo, recuerda que Jesús fue un hombre soltero. Piensa en la manera en que El vivió. A menudo estaba rodeado de gente de todos los niveles; compartía tiempo con hombres, mujeres y niños, y tenía muy buenos amigos. Además tenía equilibrio entre el tiempo que pasaba solo y el tiempo con los demás. Vino a la tierra con un propósito, y lo cumplió: *"Yo te he enaltecido en este mundo, haciendo todas y cada una de las cosas que me ordenaste"* (Juan 17:4).

El Señor Jesús fue un hombre soltero, de manera
que El realmente comprende lo que es la soltería,
te comprende y comprende lo que sientes. ¿No es
reconfortante saberlo?

Si tiene alguna pregunta referente a este libro, o
desea información adicional, favor de escribir a:

Cruzada con Luis Palau

Apartado 9292
México 1, México

Apartado 15
Guatemala, Guatemala

Casilla de Correo 4949
1000 Buenos Aires, Argentina.